中國學術思想 研究輯刊

十 六 編

林 慶 彰 主編

第 21 冊

《楞嚴經正脈疏》「十番顯見」之研究
——兼論與《楞嚴經會解》的比較（下）

黃 琛 傑 著

花木蘭文化出版社

國家圖書館出版品預行編目資料

《楞嚴經正脈疏》「十番顯見」之研究—— 兼論與《楞嚴經會解》
的比較（下）／黃琛傑 著 — 初版 — 新北市：花木蘭文化出
版社，2013〔民102〕
目 6+150 面；19×26 公分
（中國學術思想研究輯刊 十六編：第 21 冊）
ISBN：978-986-322-146-3（精裝）
1. 密教部　2. 研究考訂
030.8　　　　　　　　　　　　　　　　　102002274

ISBN-978-986-322-146-3

9 789863 221463

中國學術思想研究輯刊
十六編　第二一冊　　　　　　　　　ISBN：978-986-322-146-3

《楞嚴經正脈疏》「十番顯見」之研究
——兼論與《楞嚴經會解》的比較（下）

作　　者　黃琛傑
主　　編　林慶彰
總 編 輯　杜潔祥
出　　版　花木蘭文化出版社
發 行 所　花木蘭文化出版社
發 行 人　高小娟
聯絡地址　235 新北市中和區中安街七二號十三樓
　　　　　電話：02-2923-1455／傳真：02-2923-1452
網　　址　http://www.huamulan.tw 信箱 sut81518@gmail.com
印　　刷　普羅文化出版廣告事業
封面設計　劉開工作室
初　　版　2013 年 3 月
定　　價　十六編 25 冊（精裝）新台幣 42,000 元

《楞嚴經正脈疏》「十番顯見」之研究
——兼論與《楞嚴經會解》的比較（下）

黃琛傑　著

第四章 「十番顯見」所揭示的心性意涵

　　眞鑑所提出的「十番顯見」，由前文的探討，可知其用意在於彰顯見性。除了彰顯見性外，眞鑑在「十番顯見」中還有另外一項重要的獨家發明，那就是特別指出十番經文所具有的另一項用意──揭示寂、常、妙、明與周圓這心性五義。由於《會解》在這方面並未多加措意，因此，有關這心性五義的發明，可說是眞鑑超越《會解》的詮釋之處。

　　關於這心性五義的探討，有幾個問題必須思考：首先，須確認眞鑑在「十番顯見」中，對於心性五義的詮釋內容究竟爲何。其次該問的是，眞鑑何以要提出這有關心性意涵的詮釋？若就經文而言，在「十番顯見」後，便會有對於心性特質的諸般描述，眞鑑爲何要早在這十番的顯見過程中，便將心性五義同步來詮釋？這與後文所言的如來藏心有何關連？再者，有關第九與第十番顯見，眞鑑並未就這兩番經文來闡發其所謂的心性五義。這是否意味著心性可以由前八番的五義完全攝盡？而這五義是否能攝盡本經所要彰顯之心性的全部意涵？或者尚有未盡之處？則這五義在本經心性全部意涵中具有何種地位？而第九與第十番顯見在心性意涵的課題上，又可以扮演何種角色？而即便眞鑑並未說明，是否可以代其說出其尚未說出的話語？

　　必得對於以上諸多問題有所認識，才能明瞭眞鑑在這「十番顯見」的詮釋中，同時言及心性五義的眞實用意。否則，或是匆匆讀過，或是以爲後文將言，眞鑑在此是多此一舉，恐怕都不得眞鑑的眞意。以下將分別就以上所提及的諸多問題進行探討。

第一節　「十番顯見」中對於心性五義的詮釋

　　真鑑在對於「十番顯見」首番「指見是心」詮釋的最後，曾說過一段話語，他說：「當知此下於見性九番開示，乃所以答前四義而同後五義。」（《卍續》18，頁 359）所謂的「前四義」，指的是在「十番顯見」開頭處，阿難對於佛陀提問所說的「世尊，我等今者二障所纏，良由不知寂常心性。唯願如來哀愍窮露，發妙明心，開我道眼」（《大正》19，頁 109），其中所提及的「寂常」與「妙明」這四項心性特質。而「後五義」，則指的是後文「破非和合」後所說的「如來藏常住妙明不動周圓妙真如性」（《大正》19，頁 114），其中所言的「常住妙明不動周圓」五義。由真鑑所說來看，可知其認為第二番到第十番這前後九番的經文，就可見的談論主題來看，是聚焦於見性，不過，真鑑認為除了可見的談論主題之外，經文背後還具有對於心性的回應。這回應，一方面回答了前文的提問，而具有「四義」，另一方面，又同於後文所明白揭示出來的「五義」。由此可知，在後九番經文中所蘊含的心性意涵，依真鑑的看法，應該有五種。究竟真鑑是如何在後九番的顯見過程中來詮釋出這五義，以下將分別進行探討。

壹、「示見不動」與「顯見無還」揭示心性之「寂」

　　首先考察的是真鑑對於心性五義之「寂」的詮釋。這部分的詮釋，主要指的是對於第二番與第五番經文的詮釋。雖然兩番經文都是在彰顯心性之寂，不過，若由所面對的問題來看，則二者之間，似乎還存在著層次之別。

　　首先是第二番的經文。第二番經文所面對的問題，是承襲第一番經文而來。在第一番經文中，主要揭示的是「離彼肉眼，不藉明塵，別有全性」（《卍續》18，頁 358），亦即「是心」之「見性」離於根與塵。對此，阿難與大眾的反應是「口已默然，心未開悟，猶冀如來慈音宣示。合掌清心，佇佛悲誨」（《大正》19，頁 109），顯然並未明瞭。因此，第二番便就此進一步加以闡發。

　　在第二番經文中，主要要處理的，便是「別有全性」之離於根與塵。真鑑在本番科文開頭，即首標說「此科即示第一寂義也」（《卍續》18，頁 359），開宗明義地指出本番對於心性意涵的揭示，便在於「寂」義。就本番經文的開展來說，本番所揭示出的「寂」，是就超越外境與內身而言之寂。在超越外境的方面，真鑑指出：

此中但舉佛手爲一切外境之例。既知佛手開合與此見性無干，則凡
一切萬相及諸世界，任其紛亂動止，皆與見性無干矣！若人於萬相
中，忽然覩見此不動之性常恒不昧，何至爲境所奪？妙之至也！（《卍
續》18，頁 361）

在此所說的「凡一切萬相及諸世界，任其紛亂動止」，指的是外境的變動，而
在這「紛亂動止」的外境中，見性常恒不動，不正是「寂」嗎？而在超越內
身的方面，眞鑑則指出：

此中但取頭搖爲發悟之端。既知頭動而見恒不動，則凡此身往來千
里萬里，乃至恒沙世界死此生彼，而此見性常如虛空，無所動也。
若人悟此恒常，不隨身轉，則日用中行住坐臥，皆在自性定中。……
其與閉目想空、自墮法塵之影者，天淵懸絕矣！（《卍續》18，頁
361～362）

所謂「凡此身往來千里萬里，乃至恒沙世界死此生彼」，指的便是色身的變動。
不論這色身「往來千里萬里」如何變動，見性恆常不動，不也正是「寂」嗎？
在此所論之「寂」，並非相對於變動而言之寂靜，而是超越於相對性的動靜之
「寂」。這由超越外境部分所說的「任其紛亂動止」，以及超越內身所說的「日
用中行住坐臥」，乃至「與閉目想空、自墮法塵之影者，天淵懸絕」，皆可看
出。「任其紛亂動止」的「止」，便是與「紛亂動」相對之靜，因此，含括了
相對性的動與靜；「行住坐臥」中的「行」，其與「住坐臥」及「閉目想空」，
爲動與靜相對，也含括了相對性的動與靜。由此可知心性之「寂」，爲超越於
相對性之動靜的寂。

　　第二番經文會彰顯出這心性之寂，顯然是針對該番經文最後所指出的「顛
倒行事，性心失眞，認物爲己，輪迴是中，自取流轉」（《大正》19，頁 110）。
不能常住於心性之寂中，便是因爲「認物爲己」這「顛倒行事」所造成的。
所謂「認物爲己」的「物」，指的便是在本番中所揭示的外境與內身，而眞正
的「己」，則是心性之寂。眞鑑指出，「蓋認物爲己，便是受身、著境之苦果
已成」（《卍續》18，頁 363）。苦果既成，則自然招致輪迴流轉。眞鑑在詮釋
時，特別指出「輪迴是中」的「是中」，指的便是「身、境之中」（《卍續》18，
頁 363）。他說：

言塵劫輪迴，皆因不離於身、境：凡夫於麤身、境中，爲分段生死
所輪；權小於細身、境中，爲變易生死所輪。末句責其自取者，言

非有魔驅鬼制，但由自棄不動之本性，自取流轉之身、境而已。(《卍
續》18，頁 363)

不論是凡夫或是權小，輪迴之故，皆在於「不離於身、境」、「自取流轉之身、
境」，而不認取「不動之本性」，即動靜雙離之寂的心性。由以上的考察可知，
第二番經文所彰顯的心性之寂，是就離於根與塵、身與境之寂而言。

接著考察的是第五番的經文。第五番經文，真鑑科爲「顯見無還」。他在
科文下如此說道：「此科還者，去也。科名獨標去意，而文中具有來意，顯無
去來耳。按阿難前求，兼足寂、常二義。」(《卍續》18，頁 375)雖然真鑑認
爲本番經文所彰顯的心性，「兼足寂、常二義」，不過，本番科爲「無還」，是
就去與來而「顯無去來」，意義上似較近於不動之「寂」，因此置於心性之寂
的主題中來討論。

關於第五番所揭示的心性之寂，由真鑑所說的「顯無去來」來看，似乎
同於第二番不動之寂，不過，在本番中，這「無去來」卻並不是針對外境與
內身而言，而是就緣心所對顯出來的心性之寂，顯然處理的問題有所不同。
真鑑在經文詮釋過程中，也曾提及兩番的不同之處。他說：「前佛但以客喻身、
境，……此佛以客正喻緣心。」(《卍續》18，頁 377)本番所面對的，是阿難
「緣心、真心兩持不決，根心難拔，故求佛拔之」(《卍續》18，頁 376)的「疑
根」。對此，經文的處理方式，是採取「破顯二心」(《卍續》18，頁 376)來
區別二者。破心的部分，指的是「破緣心有還」(《卍續》18，頁 376)。真鑑
指出：

六處緣心，各隨本塵而生，亦隨本塵而滅。如影隨人，元隨何人而
來者，亦即還隱何人而去，故云有還。「云何爲主」者，言但是暫止
便去之客，何以爲無去無來常住之主人乎？(《卍續》18，頁 378)

這是彰顯出緣心「隨本塵而生，亦隨本塵而滅」的「有還」、有來去的特質。
這「有還」的緣心，只是「暫止便去之客」，自然應當捨去，以此反顯真心是
「無來無去」之主，而這便是接下來的顯心的部分。

顯心的部分，指的是「顯本心無還」(《卍續》18，頁 378)。真鑑解釋說：
「此中專顯真心無去無來常住爲主，大異緣慮客心暫止便去，所以令阿難決
定捨客而取主人翁矣！」(《卍續》18，頁 378)在這部分，是藉由「備彰八相
皆還」(《卍續》18，頁 379)的方式，來對顯有還之外的無還才是真心，即真
鑑所說的「蓋八種俱取塵相有還，對顯……離塵別有全性，所以異前大科中

緣心與塵俱還，離塵無性也」（《卍續》18，頁 380），「八塵於見性之中自相往來、自相凌奪，而此見體朗然常住、不動不遷，豈同前來緣塵之心與塵俱還乎」（《卍續》18，頁 381）。而既然世間一切所有皆可各還本因，便可知可還者皆非本心，不還者才是本心。在這緣心與真心對顯過程中，所彰顯出來的真心「無還」、無去來的特質，不正說明的是心性之「寂」嗎？

綜合真鑑在第二番與第五番經文的詮釋，可知第二番之就外境與內身顯不動，是顯示了心性之寂超越根與塵，而第五番之就緣心來顯無還，則是顯示了心性之寂超越識（緣塵分別之心）。因此，綜合而言，這兩番經文所彰顯出來的心性之寂，是超越了憧憧往來、變動不居的根、塵、識三者之寂。

貳、「顯見不滅」與「顯見不失」揭示心性之「常」

心性五義的第二義是「常」。真鑑對此的詮釋，主要見諸第三番與第四番的詮釋中。在這兩番經文中所彰顯的心性之常，若由所面對的問題來看，則似乎有不同的針對性。

首先是第三番的經文。真鑑在一開頭便指出：「此示常義」（《卍續》18，頁 365）。若就第三番經文所面對的問題來看，可分為兩方面：一方面是「會眾通請」（《卍續》18，頁 365），所請的內容，是「願聞如來顯出身心真妄、虛實，現前生滅與不生滅二發明性」（《大正》19，頁 110）。關於這部分，真鑑的解釋是：

> 小乘雖知身是無常，但一向迷見為眼，同身壞滅。今雖乍領即是不動之心，然迷混之久，實無智辯以自發明此見如何不與色身同滅？故求佛發明之。（《卍續》18，頁 365）

由真鑑所說，可知這部分要處理的是「不動之心」與色身之壞滅二者之間的關係。另一方面，是「匿土別請」（《卍續》18，頁 365）。這部分是因波斯匿王對於外道「此身死後斷滅，名為涅槃」（《大正》19，頁 110）之說感到困惑，所以祈請佛陀「發揮證知此心不生滅地」（《大正》19，頁 110）。雖然看似分為兩方面，實則雙方問題中所要處理的關係，都是色身之變滅與「此心不生滅」的關係。

對此，真鑑認為，經文是以三階段來開展其說。首先是「顯身有變」（《卍續》18，頁 366），歸結於色身必將變滅。其次，是「指見無變」（《卍續》18，頁 367）。這部分是就變滅的色身之中，指出有「不生滅性」（《大正》19，頁

110）。最後則是「正申二性」（《卍續》18，頁 368）。這部分，是「以前通請中願聞生滅與不生滅二發明性，如來已引觀河驗定，至此乃申二性，以結歸前之所請也」（《卍續》18，頁 368）。依眞鑑之說，是要回應提問中有關生滅與不生滅的問題，並且作出總結。在總結中，眞鑑認爲經文是藉由匿王之面皺（色身）與其見性未曾皺對比，「因皺以分變與不變」（《卍續》18，頁 368），由此指出「皺者爲變，不皺非變。變者受滅，彼不變者元無生滅，云何於中受汝生死？」（《大正》19，頁 110）這彰顯的是不生滅性並不受到生滅變化的色身之影響。眞鑑對此特別解釋說：「於中者，即於身中也。受生死者，與身同受生滅也。言既不與身同變，必不與身同滅矣！」（《卍續》18，頁 369）而這不與色身同變滅的不生滅性，不正是彰顯出心性之常嗎？

十番經文中揭示心性之常的另一部分，則是在第四番「顯見不失」的經文處。眞鑑在第四番開頭，即先明白指出說：

> 此若據其科名，亦足前常字之義。蓋上科約未來說，如云盡未來際究竟不滅；此科約過去說，如云從無始來本有不遺。既惟約於豎窮，其屬常字無疑。（《卍續》18，頁 369）

依眞鑑之說，本番與第三番所彰顯的意涵，雖然都是心性之常，不過，似乎有互補的意味。關於第三番的「顯見不滅」，眞鑑認爲雖然彰顯了心性之常，不過，是「約未來說」，而本番則是「約過去說」。前後兩番都是就「豎窮」，即時間方面來探討，因此眞鑑會認爲「亦足前常字之義」。

若就本番所面對的問題來看，「若此見聞必不生滅，云何世尊名我等輩遺失眞性，顛倒行事？」（《大正》19，頁 110）對此，眞鑑有詳細的剖析。他說：

> 「必不生滅」，是起疑之端，在上科中，文云「彼不變者元無生滅」是也。「遺失眞性，顛倒行事」，正是所疑，却在不動科中。是彼全文因後疑前，……但問佛既云不滅，以何因緣前說遺失？故佛下示但因顛倒而說遺失，非因斷滅而說遺失也。可見非眞遺失，故通章全示顛倒不失之相。（《卍續》18，頁 370）

在此所指出的「起疑之端」，是第三番經文所開示的「必不生滅」。這「必不生滅」之說與第二番經文最後所說的「遺失眞性」看似矛盾，才會產生疑問。對此，眞鑑扼要地指出本番是「但因顛倒而說遺失，非因斷滅而說遺失」，這顯示的是「非眞遺失」，他認爲全番經文都是在彰顯「顛倒不失之相」。換言之，即便在顛倒的現況下，眞性仍不受其影響，毫無遺失的問題。就這點來

看，雖然眞鑑說本番是「約過去說」，是「從無始來本有不遺」，似乎關注的是在時間開展的過程，不過，這「不失」若拉回主體來看，則應該說是就主體的「顛倒」來立論。亦即本番所揭示的心性之常，固然可以「約於竪窮」而論，而更重要的，則恐怕是就主體的「顛倒」而論。

本番經文，依眞鑑的看法，是重在「發明因倒說失」（《卍續》18，頁370）。他認爲經文是先以「即臂倒無失爲喻」（《卍續》18，頁370），來闡明「但取臂之雖倒不失人所易明，心之雖倒不失人所難曉，以易例難而已」（《卍續》18，頁370）的道理。接著便明白地「以心倒無失合喻」（《卍續》18，頁371），指出「正倒從心」（《卍續》18，頁371）。所謂心之正相，是「萬法即心」（《卍續》18，頁372），是「心包萬法」（《卍續》18，頁372）。若「遺眞認妄」（《卍續》18，頁372），認爲「法皆心外，心墮法中」（《卍續》18，頁373），則「雖未遺失，義同遺失」（《卍續》18，頁372）。然而，「見雖迷執顛倒，而眞心與萬法實不曾依之果成顛倒」（《卍續》18，頁373）。換言之，顛倒與否，絲毫未曾影響心之正相。而這心之正相始終未曾隨妄見而顛倒，不正彰顯出心性之常嗎？

綜合眞鑑在第三番與第四番經文的詮釋，可知第三番之就色身來顯不生滅性，是顯示了心性之常超越根，既超越了生滅的根身，必同時超越生滅的器界。而第四番之就顛倒妄見來顯不失，則是顯示了心性之常超越識心。因此，綜合而言，這兩番經文所彰顯出來的心性之常，可說是超越了虛妄生滅的根、塵、識三者之常。

參、「顯見無還」與「顯見無礙」揭示心性之「妙」

心性五義的第三義是「妙」。眞鑑對此的詮釋，主要見諸其對於第五番與第七番經文的詮釋。雖然兩番經文皆論及心性之「妙」，不過，第五番僅是約略兼帶而言，第七番才集中揭示了「妙」之意涵。

先就兼帶而言的第五番經文來看。前文指出，第五番所揭示的重點，在於心性之寂。雖然如此，眞鑑在該番最後對於經文「汝心本妙明淨」（《大正》19，頁111）的詮釋中，則兼帶性地言及了心性之「妙」的意涵。他說：「不爲諸塵所遷，而緣心不能超勝，曰『本妙』。」（《卍續》18，頁381）就此所說來看，眞鑑所謂的「妙」，顯然是結合了兩方面的說法。一方面是就心性與外境（諸塵）的關係而言，心性不受到外境遷變的影響。另一方面，則是就

心性與緣心（識）的關係來說，心性超越、勝過了看似能力優越的緣心。綜合這兩方面之說，亦即就心性超越塵與識這一點上，來說其爲「妙」。

在詮釋第五番經文的末尾時，眞鑑雖然約略點出心性之妙，不過，並未有深入而詳細的介紹。眞正詳細而深入揭示心性之妙的，要屬第七番的部分。第七番經文所面對的問題，是承襲第六番最後所言而來。在第六番經文的最後，指出了「見性周遍」（《大正》19，頁 111），既然周遍，則「眞性當有定體，何無一定周徧？眞我應得自在，何乃動被物礙？」（《卍續》18，頁 385）這是由第六番的結論所引伸出來的問題，顯然面臨的是周遍的眞性與外境的障礙二者之間的衝突。

對此，眞鑑認爲經文的開展，是先「總示大略」（《卍續》18，頁 386），然後再「詳與釋教」（《卍續》18，頁 387）：「釋，謂出其元由。教，謂授以解脫方法。」（《卍續》18，頁 387）由總而詳，由釋而教，爲一由理論而實踐的、逐步深入的彰顯進程。在「總示大略」中，先將周遍的眞性與外境的障礙區隔開來，指出二者不能混同而論。眞鑑指出：「明不定但由於物耳。……意明見本不因礙而有縮有斷，則見體畢竟非物之能礙，而眾生妄見其有大小之遷者，別有元由，而實不自知也。」（《卍續》18，頁 386～387）所謂「明不定但由於物」，便是將障礙歸因於外境，指出了「不定由塵」（《卍續》18，頁 387）。對此，眞鑑的詮釋是「諸塵不除，則義性本無定與不定，何得必欲求其定在乎」（《卍續》18，頁 387）。這說明了眞性並不隨著外境的變化而改變，亦即「見本不因礙而有縮有斷」。這一方面指出了眞性之周遍超越於外境之障礙，另一方面也將眞性與外境在討論中加以區隔。

然而，如何會「妄見其有大小之遷」，障礙的關鍵究竟何在？經文明言在於「迷己爲物，失於本心，爲物所轉，故於是中觀大觀小」（《大正》19，頁 111）。因此，便需改「爲物所轉」爲「轉物」（《大正》19，頁 111）。所謂「轉物」，眞鑑的詮釋是：「轉物者，即以小攝大，以大入小，小中現大，大中現小等諸玄門妙用也。……能此，即同如來矣！其惟直顯無障礙之大用。」（《卍續》18，頁 388）這對於「轉物」的詮釋，便在於彰顯眞性的自在無礙超越了妄見與物。由這「轉物」，進而開展出「身心圓明，不動道場」（《大正》19，頁 111）的「體自在」（《卍續》18，頁 388），以及「於一毛端，遍能含受十方國土」（《大正》19，頁 111）的「用自在」（《卍續》18，頁 389）。所謂「體自在」，即「萬物一體，圓而不偏；達物皆己，明而不昧。身若虛空，心安如海，

萬物皆在身心之中,何物能遷動於身心」(《卍續》18,頁 388),可說「身心即法界之道場」(《卍續》18,頁 389)。如此,又豈會有任何障礙?而「用自在」,則較「體自在」之僅無障礙更是進一步。眞鑑的解釋說:

> 毛端含十方,即小攝大;十方在毛端,即大入小。毛中看國而國不小,即小中現大;國外觀毛而毛不大,即大中現小。此即事事無礙法界,十玄門中,廣狹自在無礙門也。(《卍續》18,頁 389)

這已不僅是在體上的無礙,而是在用上之千變萬化的無礙。原本「觀大觀小」(《大正》19,頁 111)這大與小的不相容,至此不僅是不衝突而已,反而更能自在相容,「以正報之極小而容依報之極大,以成無障礙之妙用矣!何如其自在乎」(《卍續》18,頁 389)。眞鑑對此「一一毛端,一一塵中,無不皆然」(《卍續》18,頁 389)的妙用自在,不禁讚嘆道「嗚呼!深哉!見性之妙,無以加矣」(《卍續》18,頁 389)。而於本番詮釋的最後,明白揭示出「此科見性於諸塵中圓融照了,無障無礙,可當四義中妙字之義」(《卍續》18,頁 389)。心性之妙,於此可謂大彰。

綜合眞鑑對於第五番與第七番經文的詮釋來看。在第五番的部分,是約略就超越塵與識來說心性之「妙」。而在第七番的部分,雖然大部分是就周遍的眞性與外境的障礙二者的關係而論,多著眼於外境(塵)的部分來處理,不過,還言及了妄見。而周遍的眞性與外境的障礙之所以會產生衝突,其實也還是根源於妄見,而非眞正有此衝突。因此,第七番也可說是就超越塵與識來宣說心性之「妙」。綜合兩番經文所揭示的心性之妙,可說是超越了塵與識之體妙與用妙。

肆、「顯見無還」與「顯見不雜」揭示心性之「明」

心性五義的第四義是「明」。有關心性之明的詮釋,主要見諸第五番與第六番的部分。若就這兩番經文所揭示的內容來看,第五番的部分,還只是兼帶的性質,較爲全面論及心性之明的,該屬第六番的經文。

先就兼帶而言的第五番經文來看。前文已指出,第五番主要揭示出的是心性之寂。不過,眞鑑在該番經文最後對於「汝心本妙明淨」(《大正》19,頁 111)的詮釋中,還同時兼帶性地言及了心性之「明」的意涵。他說:「不爲諸塵所蔽,而緣心不能障礙,曰『本明』。」(《卍續》18,頁 381)這對於心性之明的詮釋,是由兩方面來說明。所謂「不爲諸塵所蔽」,是就心性與塵

的關係而言，指出即便諸塵紛擾，心性之明始終如是，諸塵無法遮蔽其萬一。而「緣心不能障礙」，則關注的是心性與識的關係，說明了緣心之起滅無礙於心性始終之明。若綜合兩方面之說，則可知是就心性之超越塵之蒙蔽與識之障礙這兩方面上，來說其爲「明」。

　　第五番的說法，只是兼帶性的說法，眞正主要闡明心性之明的，是在第六番的「顯見不雜」中。第六番經文所面對的問題，眞鑑指出，是「阿難以物見混雜疑自性」（《卍續》18，頁381）。他說：

> 此疑蓋謂承佛上示，雖知此見不與諸相俱還，而實常與水陸空行等
> 物混雜無分。今於諸物之中，將辯何者是我見性，何者是物相乎？
> 言其不可分析也。（《卍續》18，頁381）

這說明了本番所要處理的，是見性與諸物相的關係，雙方似乎是「混雜無分」、「不可分析」。換言之，即心性似乎是受到了諸物相的影響而不分明顯了。

　　對此，眞鑑認爲，經文在開展過程中的處理策略，是「以物見分明顯自性」（《卍續》18，頁 381）。而既然要使眞性分明，不與諸物相混雜，則具體的作法，自然是要離析雙方。因此，經文首先採取的步驟，是「先列能所」（《卍續》18，頁381），分別列出能見之性與所見之物。眞鑑指出，「欲與揀擇分析，先須列下能見之性與所見之物，然後乃可於中擇而分之也」（《卍續》18，頁381）。分別列出後，則進一步於此能見與所見中來進行「分別自他」（《大正》19，頁 111）的工作。所謂的「自他」，「自即見性，他即諸物」（《卍續》18，頁382～383）。這是藉著已列出的能與所，來抉擇出何者爲我體、何者爲物相。在實際的抉擇過程中，則可以發現確實是「物見分明」（《卍續》18，頁383）。一方面，所見皆是物而不是見；另一方面，即使諸近遠物性有所差殊，卻都是同一見精所矚，則可明白地知道物自是物而非己，只有無殊的見性才眞正是我體。眞鑑解釋說：

> 分擇之法，亦惟約於有無差殊而揀別耳！蓋諸物羅列於見性之中者
> 千態萬狀，是有差殊；見性徧見於諸物之上者朗然一照，是無差殊。
> 然此無差殊之體，何嘗混雜於有差殊之物相乎？故結言誠汝見性，
> 而不是物也。（《卍續》18，頁383）

由此可知，即便見性徧見諸物之「千態萬狀」，卻仍是始終超越其上之「朗然一照」，不曾混雜於物相之中，則「汝見性雖周徧一切諸物，有情、無情判然迥別，何至混成諸物，而非汝之自性耶」（《卍續》18，頁 385）。這說明了眞

性之明始終超越於諸塵之上。真鑑在第七番末尾的詮釋中，特別帶回提到第六番經文所揭示的心性意涵。他說：

> 此科（筆者案：指「七、顯見無礙」）與上科（筆者案：指「六、顯見不雜」）合論：上科，見性於諸塵中照體獨立，分明不混，可當阿難所求四義中「明」字之義。（《卍續》18，頁389）

所謂「於諸塵中照體獨立，分明不混」的心性之明，主要便是就心性之超越諸塵而言。當然，會作出此項揭示，自是源於原本物見混雜的妄見所致。因此，雖然主要是就超越諸塵而言，其實，還可說是兼帶言及了超越妄識。

綜合真鑑對於第五番與第六番經文的詮釋來看。在第五番的部分，僅是約略就超越塵之蒙蔽與識之障礙兩方面，來說心性之「明」。而在第六番的部分，雖然主要是就「朗然一照」之無差殊的真性，其與「千態萬狀」的外物之間的區別而論，多著眼於超越外境（塵）的部分來處理，不過，原本物見混雜的困惑，其實也可說是根源於妄見（識），而非物與見真有此混雜不分的情況。因此，第六番經文也可說是就超越了塵與識來宣說心性之「明」。綜合兩番經文所揭示的心性之明，可說是超越了塵與識的朗然獨立之明。

伍、「顯見不失」與「顯見不分」揭示心性之「周圓」

心性五義的第五義是「周圓」。真鑑對此的詮釋，主要見諸第四番與第八番的部分。若就這兩番經文所揭示的內容來看，第四番的部分，是屬於兼帶而言的性質，第八番才完全專門論及心性之周圓。

先就兼帶而言的第四番經文來看。前文已指出，第四番的「顯見不失」，主要揭示出的是心性之常。不過，真鑑在該番詮釋的開頭處，除了指出該番揭示心性之常外，還說明該番經文兼帶地揭示了心性之周圓。他說：

> 據文中發明體周萬法、量極虛空，亦可以當如來後示周圓之義。又前文求示寂常心性：上二科已答寂常二字；此科廣大周圓，誠為心性全體，是答心性二字。（《卍續》18，頁369）

依此說，可知真鑑所說的「周圓」，指的便是心性全體之「體周萬法、量極虛空」，涵蓋了根身與器界而無遺。

第四番會揭示出心性之周圓，也與其所處理的問題有關。該番所面對的問題，是阿難對於「遺失真性」的困惑。對此，後半部份的經文，揭示出了心性之周圓，毫無遺失的問題。先是在真鑑對於如來之「清淨法身」（《大正》

19，頁 110）與「正遍知」（《大正》19，頁 110）之名的解釋中，已概略性地
言及了此點。眞鑑說：

> 清淨法身者，即相即性，即有即空，現前三十二相即是法身，非比
> 相宗最後佛身有爲無漏，非比空宗破相爲妄、報化非眞。此之性宗，
> 山河全露，萬相皆如，說報化與法身異體者，當墮地獄。……達心
> 包萬法爲正知，達萬法皆心爲徧知。如來達此，名正徧知。（《卍續》
> 18，頁 371）

依照眞鑑對於「清淨法身」的詮釋來看，所謂「即相即性，即有即空」，說明
了其詮釋是立足於「性宗」的立場，也就是「山河全露，萬相皆如」，一切都
是眞性的流露，無有缺陷，無有例外。既是如此，豈會有「遺失眞性」的問
題產生？而「山河全露，萬相皆如」，不正彰顯的是心性之周圓嗎？而由對於
「正遍知」的解釋，也可清楚此點。眞鑑解釋「正遍知」的內涵，爲「心包
萬法」與「萬法皆心」，顯然無有一法在心之外，這不也正是心性之周圓嗎？

　　而對於心性周圓的具體說明，則在後半部份的經文中。後半部份經文中，
言及了「色心諸緣及心所使諸所緣法，唯心所現」（《大正》19，頁 110）。眞
鑑認爲，這正是揭示了「萬法惟心所現」（《卍續》18，頁 372）。他的解釋是：

> 色，即十一色法。心，即八識心法。諸緣，即生心之四緣、生色之
> 二緣。心所使，即五十一心所法。諸所緣法，廣至善惡、邪正、世
> 出世間一切事業、因果、法門等。惟心者，惟眾生本具一眞法界之
> 心，亦即如來藏心。乃變現萬法之實體，故曰「惟心所現」。此科重
> 一現字，見萬法即心也。（《卍續》18，頁 372）

依眞鑑的解釋，所謂「色心諸緣及心所使諸所緣法」，涵蓋了色法、心法，乃
至其餘一切諸法，其實指的即是萬法。雖然萬法各有不同，卻都是由「眾生
本具一眞法界之心」、「如來藏心」所變現出來的。這正是先前對於「正遍知」
之「遍知」詮釋時，所說的「萬法皆心」。而揭示「萬法惟心所現」後，經文
接著指出「汝身、汝心皆是妙明眞精妙心中所現物」（《大正》19，頁 110）。
這部分在眞鑑看來，則揭示了「萬法常在心中」（《卍續》18，頁 372）。眞鑑
解釋說：

> 身，即五根。心，即八識及諸心所。其餘，俱攝皆字之中。……心
> 中所現物者，言妙心如海，而萬法如海中之影；心包無外，而萬法
> 皆在心中。此科重一中字，見心包萬法也。合上科萬法即心，此科

心包萬法，即是心之正相。恒不昧此，即正徧知身。(《卍續》18，
頁 372)

既然「妙心如海，而萬法如海中之影；心包無外，而萬法皆在心中」，則不正
說明了心體之廣大周圓，無有缺欠嗎？真鑑認為，這部分揭示的「萬法常在
心中」，其實也就是先前對於「正遍知」之「正知」詮釋時，所說的「心包萬
法」。既然「心包萬法」、「萬法皆心」，則又豈會有一法在心之外？因此，經
文結以「色身外泊〔註1〕山河虛空大地，咸是妙明真心中物」(《大正》19，頁
110)。不論根身、器界、心法，乃至其餘一切諸法，無有例外，皆是妙心中物，
則自然不會真正有「遺失真性」的問題產生。而這不正彰顯出心性之廣大周
圓，「體周萬法、量極虛空」，涵蓋了一切而無遺？

第四番對於心性之周圓，還只是兼帶言及，真正全番經文論及這點的，
是第八番的「顯見不分」。真鑑在第八番開頭，先開宗明義指出該番的用意，
即在於彰顯見性與萬法的關係為非離的關係。他說：

夫見性，量括十方，體含萬法。其與萬法非即、非離。……惟其非
離也，故能塵剎混融，萬物一體，用彌法界，存泯自由。……今此
不分之科，乃約不離義泯妄合真，以顯溦乎與物混融之妙。(《卍續》
18，頁 389)

在此所指出見性的「量括十方，體含萬法」，其實，即已說明了見性與萬法的
關係，是「塵剎混融，萬物一體」，無有一法可置外於見性。

先就本番所面對的問題來看。真鑑指出，本番所面對的問題，是「阿難
執身見各體而疑見在前」(《卍續》18，頁 390)。會產生這項困惑，真鑑認為，
「究此疑之所自來，蓋出上文諸科多與明此見性離塵獨立，乃至身、境亦無
相干」(《卍續》18，頁 390)。換言之，亦即多就真性與萬法「非即」的關係
來探討，重在凸顯見性。然而，「離塵獨立」這項彰顯見性的作法，反倒使得
阿難產生「令〔註2〕此妙性現在我前，見必我真，我今身心復是何物」(《大正》
19，頁 111～112)的疑惑。這項疑惑的背後，隱含著真性所涵蓋的範圍，似
乎有限，同時，也有外於真性者，即疑問中所說之「復是何物」的「我今身
心」。對此，真鑑更發揮說：「是執見性、身心各自有體，遂起斯疑。至於山

〔註1〕《大正藏》作「泊」，宋、元、明校本作「洎」，真鑑之《正脉疏》亦作「洎」，
當以此為是。
〔註2〕《大正藏》作「令」，宋、元、明校本作「今」，真鑑之《正脉疏》亦作「今」，
當以此為是。

河萬相與見各體，更不待言。」（《卍續》18，頁390）連親切的根身與妄識尚且似與真性有別，更何況是器界等萬法呢？

對於這個問題，真鑑認為經文採取的策略，是以「約萬法一體而破前相」（《卍續》18，頁391）來處理。問題是，阿難的困惑，明明是就真性與身心相對而言，何以經文不就這兩類範疇來探究，而要就萬法來談呢？真鑑在進入經文的詮釋之前，特別說明了其緣故。他指出，如此的作法，是既「以疏例親」（《卍續》18，頁391）又「兼除二執」（《卍續》18，頁391）。所謂「以疏例親」，真鑑解釋說：「就眾生之情見：身心至親，萬物至疏。今會疏遠之萬物，尚與此見一體，況親執之身心獨有二體乎？」（《卍續》18，頁391）就這部分來說，主要是回答了以萬法來探究的有效性，足以解答阿難之疑。而「兼除二執」，真鑑的解釋則如下：

> 蓋身心者，我執之親依；萬物者，法執之顯境。據前問辭，我執已自熾然，而法執尚猶微隱。今若順其語而但說見性身心一體，則非惟法執不能兼破，彼將又執見性身心合為我體，而以萬法為他體，其為二執，益增上矣！故佛總與普對萬法，悉顯其無自無他，則二執蕩然無遺矣！（《卍續》18，頁391）

依真鑑所說，可知經文要以萬法來探究，其實頗有永絕後患之意。若只除我執，則還有法執未破，必將轉生疑難。因此，逕對萬法「顯其無自無他」，則「至疏」之萬物尚且如此，何況阿難所疑的「至親」之身心？這部分說明了以萬法來探討的涵蓋性，足以一次解決可能轉生的疑難。

關於經文的具體開展，真鑑認為是先「直斥妄擬前相」（《卍續》18，頁391），點出提問中謬誤的關鍵，然後「辯定本無是非」（《卍續》18，頁391）。一方面，令阿難說出「縱目所觀，指皆是物，無是見者」（《大正》19，頁112），另一方面，又令阿難說出「是萬象中，微細發明，無非見者」（《大正》19，頁112）。「以無是非發其疑」（《卍續》18，頁391），由文殊重新整理問題，同時，也藉此使後文即將探討的重點清晰：「此諸物象與此見精元是何物？於其中間無是、非是？」（《大正》19，頁112）然後再「曉以無是非之故」（《卍續》18，頁395），托出本番的核心意涵——「一真無是非」（《卍續》18，頁395），亦即經文所明白揭示的「見與見緣并所想相如虛空花，本無所有。此見及緣，元是菩提妙淨明體，云何於中有是、非是」（《大正》19，頁112），「此見妙明與諸空塵……本是妙明無上菩提淨圓真心妄為色空及與聞見」（《大正》19，

頁 112）。在這部分的經文中，眞鑑認爲談論內容所涵蓋的範疇，包括了見精與根、塵、識，亦即涵蓋一切萬法。他在解釋「見與見緣并所想相如虛空花，本無所有」時，說：

> 見之一字，即舉見精。見緣想相四字，即舉諸物。然見緣即六塵色空等物，想即六處識心，相即六根身相。……今此想、相，并指心、身也。蓋此中并將見性與外之萬物、內之身心總成合會，明其萬殊則妄，而一體元眞也。（《卍續》18，頁 395～396）

依眞鑑的解釋，見、見緣、想與相，便涵蓋了見精、塵、識與根，而這一切雖然「萬殊」，卻實是一體之眞，即「菩提妙淨明體」。既然「萬殊」是妙明無上菩提淨圓眞心妄爲而出，實是一眞，則自是無是非二相。因此，再回過頭去看本番所面對的問題，便當有以下的體悟：

> 了知見精與身心萬物元一眞性、本惟一體，方得頓悟萬法悉無自他之別，肯復擬見性於身心之前而言其可指度，見性於萬物之內而言其不可指哉？（《卍續》18，頁 399）

而這「元一眞性」涵蓋了「見精與身心萬物」，不正說明了無有一法離於眞性，不正彰顯出心性之周圓廣大、無有缺欠嗎？對此，眞鑑在第九番「示見超情」的開頭，也再次強調第八番所揭示的心性周圓之義。他在解釋「覺緣遍十方界」（《大正》19，頁 112）時，便說：「覺，謂眞性。緣，即萬法。總言徧十方界者，……不遣、不分二科，更領見性與萬法同體周徧，故成此徧義也。」（《卍續》18，頁 399）其所謂「徧」，便是周圓之意。

綜合眞鑑對於第四番與第八番經文的詮釋來看。雖然有詳略之別，不過，所揭示的心性之周圓，可說毫無二致。兩番經義所揭示的心性之周圓，可說是涵蓋了見精、根、塵與識，即涵蓋萬法、無有缺欠之周圓。

第二節　「十番顯見」中提出心性五義的用意

以上介紹了眞鑑在「十番顯見」的詮釋過程中，所同時提出的心性五義。接著要探討的是，爲何眞鑑要在經文明白闡述「顯見」的過程中，同時提出此說？其用意究竟何在？如果不能明瞭其用意，則必勿匆略過，便無法認識眞鑑如此的詮釋，在其對全經詮釋佈局中所扮演的重要角色。

有關眞鑑提出這心性五義的用意，在其對於首番經文詮釋的最後，曾作

出如下的說明。他說：「當知此下於見性九番開示，乃所以答前四義而同後五義，足徵此見即是如來藏心。」（《卍續》18，頁 359）所謂「答前四義」，指的是對於前文的回應，而「同後五義」，則是對於後文的預示。「足徵此見即是如來藏心」，則是將本處探討的有關見性的課題，與後文的如來藏心進行連結，指出見性即是如來藏心，而其證據便是所謂的「同後五義」。以下分別就這心性五義之「答前」與「同後」兩方面，來探討其意涵。

壹、對於眞心的正面揭露

眞鑑提出心性五義之說，指出其中的用意之一，是「答前四義」。所謂「答前四義」，指的是回應阿難在「十番顯見」開頭處所問及的心性的特質。阿難的提問是：「我等今者二障所纏，良由不知寂常心性。唯願如來哀愍窮露，發妙明心，開我道眼」（《大正》19，頁 109）。其中對於心性特質的描述，分別是「寂常」與「妙明」，這寂、常、妙、明，便是眞鑑所說的「前四義」。

然而，「十番顯見」的重點，不是在於彰顯見性，也就是眞鑑所科的「顯見」嗎？何以眞鑑會說這對於見性的開示，是回應了阿難所求的心性四義？這就不得不歸因於眞鑑特重文脈的研究方法，才有此獨到之說。眞鑑依據其對於文脈的解讀，指出「十番顯見」之前的經文，主要是在破斥阿難執著妄識爲心。

在經文開頭，當阿難爲文殊師利提獎歸來時，佛陀即爲其明白指出「一切眾生從無始來生死相續，皆由不知常住眞心、性淨明體，用諸妄想。此想不眞，故有輪轉。」（《大正》19，頁 106）這時早已清楚地說明了輪迴的關鍵，在於不知眞心，而認取妄心，同時，也說明了眞妄有別。然而，阿難並未領解，始終誤以自己的妄識爲眞心，因此才有所謂「七處徵心」的開展，眞鑑稱之爲「七番破處」，重點在於破斥阿難的妄識非眞，實爲虛妄。雖然經過「七番破處」，阿難仍舊不知其所認取的心實是妄識，不是眞心，仍向佛陀祈請「眞際所指〔註3〕」（《大正》19，頁 108）。眞鑑在此解釋說：「上文佛雖破處，而未分明說出非心及以無處，故阿難求處之心未了，尚自責其不知眞心實際所在也。」（《卍續》18，頁 343）顯然阿難仍未意識到眞妄之別，而且自己實是認妄爲眞。於是佛陀再次對於眞妄二者有別作出提點：

〔註 3〕《大正藏》作「指」，元、明校本作「詣」，眞鑑之《正脉疏》亦作「詣」，當以此爲是。

一切眾生從無始來種種顛倒，……皆由不知二種根本，錯亂修
習。……云何二種：阿難，一者，無始生死根本。則汝今者與諸眾
生用攀緣心爲自性者。二者，無始菩提涅槃元清淨體。則汝今者識
精元明，能生諸緣，緣所遺者。（《大正》19，頁 108）

在此即已明白提醒阿難，顛倒的關鍵，在於「不知二種根本」，即對於眞妄二
心未能詳加區別而認妄爲眞，同時還清楚指出「汝今者」之「用攀緣心爲自
性」，是「二種根本」中的「無始生死根本」。雖然佛陀在理論上明白指出阿
難認妄爲眞、所認爲妄，不過，當實際徵詢阿難「以何爲心」（《大正》19，
頁 108）時，阿難的回答，仍舊是誤認妄識爲心：「如來現今徵心所在，而我
以心推窮尋逐，即能推者，我將爲心。」（《大正》19，頁 108）因此，才有佛
陀的「顯呵妄識非心」（《卍續》18，頁 343），明白指出其所用的心，實是「前
塵虛妄相想」（《大正》19，頁 108），而並非眞心。阿難對此說法的反應是驚
恐惶怖，認爲其向來所用之心如何能不是心？若眞不是心，豈不將會同於土
木之無心？顯然阿難仍舊堅執妄識爲眞心，認爲無此妄識則將無心，至於眞
心則尚無認識。對此，眞鑑認爲佛陀的作法，是進一步「推破妄識無體」（《卍
續》18，頁 348）。他說：「此科方以說透識心徹底虛無斷滅，全不是心矣！」
（《卍續》18，頁 348）在這部分，將阿難所誤認爲眞心的識心徹底掀翻破斥，
指出其「離塵無體」（《大正》19，頁 109），當塵變滅之時，此識心也同時斷
滅。

　　對於由經文開頭以來所一直認爲是心的妄識，如今遭到佛陀徹底的破
斥，阿難與大眾的反應是「默然自失」（《大正》19，頁 109）。眞鑑對此解釋
說：

前責己不知心處，尚望佛言。聞佛直呵非心，驚疑諍辯。及其蒙佛
無體之示，始知體尚本無，安有住處？三迷全破，三執全消，故默
然無辯。然則平日倚恃爲心者，一旦杳無體性、無可跟尋，而又未
審何者爲心，即如人失其所寶之物，故曰「自失」。（《卍續》18，頁
351～352）

眞鑑認爲由經文開頭至此，「三迷全破」，即對於「本非是心而似是心，故眾
生迷執以爲是心」（《卍續》18，頁 330），「本非有體而似有體，故眾生迷執以
爲有體」（《卍續》18，頁 330），以及「本非有處而似有處，故眾生迷執以爲
有處」（《卍續》18，頁 330）這三種迷執完全破除。佛陀並於此再次提醒說：

「世間一切諸修學人，現前雖成九次第定，不得漏盡成阿羅漢，皆由執此生死妄想誤爲眞實。」（《大正》19，頁 109）這是總結了經文前來的根本問題，在於迷妄爲眞。以上這破斥阿難妄心的部分，眞鑑總科爲「斥破所執妄心，以開奢摩他路」（《卍續》18，頁 328）。他認爲這部分經文的用意，是要先爲眞心之托出撤除障礙。他說：

> 一切凡、外、權、小……不能達於妙奢摩邊際者，皆由但知此識爲
> 心，而更不知別有心也，被此識塞斷奢摩他路。故佛欲示妙奢摩他，
> 必須首破此心，以開其路也。蓋令其先悟此識非心，方知別尋眞性，
> 然後指以眞心，方可達於妙奢摩他之邊際矣！（《卍續》18，頁 328）

由於「但知此識爲心」、「被此識塞斷奢摩他路」，所以必須先撤除這道障礙，「必須首破此心」、「先悟此識非心」，然後才能知道要「別尋眞性」。而值此「三迷全破」之時，「平日倚恃爲心者」既已「無可跟尋」，同時又「未審何者爲心」，大眾的反應自是茫然四顧，悵然若失。

這時，經過佛陀斥破所執妄心的阿難，終於不再執取妄心，轉而捨妄求眞，向佛陀求取眞心：「世尊！我等今者二障所纏，良由不知寂常心性。唯願如來哀愍窮露，發妙明心，開我道眼。」（《大正》19，頁 109）明白地祈求能夠得知「寂常心性」，能夠「發妙明心」。眞鑑在此特別註明說：「蓋寂常妙明之釋與下佛之答處，皆有照應。」（《卍續》18，頁 354）這說明了下文正是要回應阿難在此妄心已捨之時，其對於眞心亟欲識知的期盼。對此，佛陀也明白允諾，許以明白開示眞心：「吾今爲汝建大法幢，亦令十方一切眾生獲妙微密性淨明心，得清淨眼。」（《大正》19，頁 109）眞鑑在此註釋說：「阿難求寂常心性，而佛許以妙微密性；求妙明心，而許以妙淨明心；求開道眼，而許以得清淨眼，亦請許相應矣！」（《卍續》18，頁 354）這很清楚地說明了向下即將開展出來的「十番顯見」，正是佛陀對於阿難眞心之求的正面回應。而在首番顯見的經文中，確實也明白指出「見性是心」（《大正》19，頁 109）。既然「見性是心」，則向下九番對於見性的闡釋，不正是對於眞心的闡釋嗎？

關於這一點，其實，在〈《會解》敘〉中早已寓有此意，只因其僅僅是以「因見顯心，因心顯見，雖心見互顯，而正顯在心」（《龍藏》144，頁 257）短短數語帶過，並未大加發明，所以容易爲人所忽略。對此，清末的諦閑，在其《楞嚴經序指味疏》中，特地將〈《會解》敘〉加以科分並註釋。其將「序十番辨見」（《卍續》90，頁 489）的部分分爲兩科，指出總要是「心見互顯」，

即「初、總標心見互顯」（《卍續》90，頁489），而詳細的開展過程，則是「二、別列十番妙辨」（《卍續》90，頁489）。這項作法，可說是將〈《會解》敍〉的本意加以彰顯出來。

因此，如果不能明瞭「十番顯見」的用意便是在回應阿難的眞心之請，是對於眞心的正面揭露，則由經文前來佛陀多次對於眞妄區別的提醒，即常住眞心、性淨明體與妄想之別，無始生死根本與無始菩提涅槃元清淨體之別，並指出認妄爲眞，而對於妄識（妄想、無始生死根本）斥破淨盡後，卻未對於常住眞心、性淨明體、無始菩提涅槃元清淨體，即阿難所求之眞心加以回應，豈非一大怪事？若以爲「十番顯見」只是「顯見」，僅就這部分的經文截斷而觀，而未能貫串前來的文脈一併而論，不知其即是對於眞心的正面揭露，則將大失經文本意，大失眞鑑之意，並且對於眞心的認識也將落空，也將未能明瞭經文由開頭處即企圖解決的「生死相續」、「輪轉」、「從無始來種種顚倒」與「錯亂修習」等問題的關鍵所在。

「觀佛前呵識心，則曰非心；今薦見性，則曰是心，明以應阿難眞心之求。」（《卍續》18，頁358）由「非心」而後「是心」之說可知，有關「十番顯見」是「正顯在心」一事，是「對於眞心的正面揭露」，其大加發明，終當歸功於眞鑑無疑。

貳、證成十番所言之見性通於後之藏性，爲本經特重之「本修因」

眞鑑提出心性五義之說的另一項用意，則是指出「同後五義」，並以此爲「此見即是如來藏心」之證據。

所謂「同後五義」的「後五義」，指的是在「十番顯見」的經文後，當佛陀爲阿難破和合與非和合之惑，眞鑑科爲「剋就根性直指眞心」的段落到此爲止時，接著進入到眞鑑科爲「會通四科即性常住」（《卍續》18，頁424）的段落，其開頭處的經文爲「如來藏常住妙明不動周圓妙眞如性」（《大正》19，頁114），其中所言及之如來藏性的五種特質，即「常住妙明不動周圓」。眞鑑認爲這對於如來藏性特質的描述，是與前文「十番顯見」中對於見性特質的描述完全相同，因此會有「同後五義」之說。他在經文「殊不能知生滅去來本如來藏常住妙明不動周圓妙眞如性」（《大正》19，頁114）下解釋說：

> 如來藏，總目眾生本覺性體，言眾生心中隱覆如來，故名如來藏，
> 即《起信論》中之一心也。……其常住等八字，皆稱此眞如之德也。

> 本無生滅曰常住，不滯明寂曰妙明，本無去來曰不動，不徧（筆者
> 案：當爲「徧」）空界曰周圓。……具此眾妙，故曰妙眞如性，亦即
> 前十番所顯見性之全體也。（《卍續》18，頁 425～426）

所謂「如來藏」，指的便是「眾生本覺性體」。「常住等八字，皆稱此眞如之德」，便是說明了「常住妙明不動周圓」八字，指涉的即是如來藏的特質。眞鑑在最後特別指明「具此眾妙」的如來藏，並非另有所指，實際上即是「十番顯見」所顯見性的全體。眞鑑認爲，在此所說的「本無生滅曰常住」，正相當於「十番顯見」中心性五義之常；「不滯明寂曰妙明」，相當於心性五義之妙與明；「本無去來曰不動」，相當於心性五義之寂；「不徧（筆者案：當爲「徧」）空界曰周圓」，相當於心性五義之周圓。

　　既然特質相同，何以前文稱爲見性，在此改稱爲如來藏性？眞鑑在一進入到「會通四科即性常住」一科中，便先就這個問題作出了解釋。他說：

> 四科，即五陰、六入、十二處、十八界也。前科言寂常妙明之心最
> 親切處，現具根中，故剋就根性直指眞心。然雖近具根中，而實量
> 周法界，徧爲萬法實體。今於萬相中一一剖相出性，是以齊此不復
> 稱其見性之別名，乃舉其總名，曰：如來藏心妙眞如性。但是總別
> 異稱，體惟一而已矣！（《卍續》18，頁 424）

依眞鑑的看法，「十番顯見」時所談論的「寂常妙明之心」，是就眾生「最親切處」的眼根中來「直指眞心」。雖然僅就「根中」指出，卻並非意味著眞心只在根中，而實是「量周法界，徧爲萬法實體」。由於接下來的經文主題不再就根中而論，而是要「於萬相中一一剖相出性」，亦即於四科中，即五陰、六入、十二處與十八界中，來指出萬法皆是「本如來藏妙眞如性」（《大正》19，頁 114），因此才就這萬法總體之名「如來藏心妙眞如性」來稱呼。換言之，當前文談論見性的主題完成後，忽然轉而探討如來藏性，並非意味著二者爲二，毫不相干，而只是因爲探討的範疇由根中擴大到萬法之故。前文的見性與後文的如來藏性，在眞鑑看來，二者只是「總別異稱」，由於指涉範疇之個別與全體的出入而有不同的稱法罷了，實爲一體。眞鑑在「十番顯見」中特別指出心性五義，正是爲了銜接前文的見性與後文的如來藏性的關係，抉發出二者實爲一體的精義。

　　然而，眞鑑爲何要抉發出這見性通於藏性的精義？關於這一點，可以由他在《正脈疏懸示》中，對於見性通於藏性的特別發明中得到答案。他在《正

脉疏懸示》中，曾先設問說「三如來藏，是展轉入於深妙圓融之極理，何得言最初所示見性即是其體乎」（《卍續》18，頁 269），然後針對見性通於藏性發表其看法。在其看法中，有如下的一段文字：

> 諸師正由高推後之藏心，而不達其即前初示見根等性，體無有二，直謂離根性而別有，所以修時更不用根性，却擬藏性，立三諦而起三觀，以爲圓妙，不知依舊落於識心覺觀思惟之境。失盡經旨，孤盡佛心。（《卍續》18，頁 269）

依眞鑑這段文字來看，有兩方面值得留意。首先，所謂的「高推後之藏心，而不達其即前初示見根等性」，這是認爲「諸師」在詮釋本經時，並未將前後經文視爲具有關連性的一體，而是割截爲前後無關的兩部分經文來詮釋。關於這一點，他在《正脉疏懸示》的另一段文字中，也曾特別指出。他說：

> 大抵舊之解家，於經後分多不顧前。如談三藏，已早不達其即前初示之根性，及說圓通，何曾明其但入藏性？及陳諸位，又豈知其牒圓覺而修證藏性乎？不思阿難既以華屋喻前藏性，則圓通所以進華屋之門，而五十五位所以升華屋之堂而入華屋之室也，豈離前華屋而他有所適哉？是則始終既惟一藏性，則始終惟一圓融性定而已。
> （《卍續》18，頁 270～271）

所謂「談三藏，已早不達其即前初示之根性」，「說圓通，何曾明其但入藏性」，「陳諸位，又豈知其牒圓覺而修證藏性」，都是在強調前人詮釋本經時，「於經後分多不顧前」所造成的割截性的詮釋差誤。而這樣的詮釋差誤，便造成了割裂見性與藏性的後果，似乎意味著二者無關，即《正脉疏》中所批評的：

> 舊註不達於死生根本，自呼爲五濁業用；圓湛之性，自立爲三止觀門，全不取於經中本有。此等非惟臆說無憑，仍使前之開示悉成無用。豈前之開示不與此修進相干哉？詳之。（《卍續》18，頁 551）

然而，眞鑑指出這項差誤，用意卻並非只是重在彰顯理論層面的「始終既惟一藏性」，使本經的前後詮釋貫串爲一體而已，眞正的用意，則是在其值得留意的第二方面，亦即本經作爲宗教實踐指導文本的修行層面。必須由這個面向，才能眞正認識眞鑑抉發見性通於藏性這項精義的苦心。眞鑑認爲，前人由於詮釋上高推藏心，不知藏心與見性「體無有二」，反倒以爲藏心是「離根性而別有」。由這理論上理解的偏差，而造成實際修行時的差誤，不由根性入手，「却擬藏性，立三諦而起三觀，以爲圓妙，不知依舊落於識心覺觀思惟之

境」。這模擬藏性而立諦修觀的方法，卻正好落入本經前來即已大加破斥的識心之中。修行方法既已差誤，如何能達成本經的目的？因此，真鑑抉發見性通於藏性，真正重要的意義，便在於實際修行操作時，彰顯出根性作為本經特重的「本修因」。

在經文進展到阿難已經「疑惑銷除，心悟實相」（《大正》19，頁 122），了知「如來藏妙覺明心遍十方界」（《大正》19，頁 122），而向佛陀祈請「本發心路，令有學者從何攝伏疇昔攀緣，得陀羅尼，入佛知見」（《大正》19，頁 122），期盼佛陀明示入如來藏心這華屋大宅之門，而佛陀也同意「開無上乘妙修行路」（《大正》19，頁 122）時，便是經文開始進入到探討修行課題的部分。在要進入到實際修行之前，佛陀特別強調「應當先明發覺初心二決定義」（《大正》19，頁 122）。這「二決定義」的「第一義」，便是「應當審觀因地發心與果地覺為同？為異？」（《大正》19，頁 122）如果不先詳察此點，而是「以生滅心為本修因」（《大正》19，頁 122），則因既生滅，如何能得不生滅之果？因此，佛陀特別強調，在實際進行修行之前的首要之務，便是要以「無生滅性為因地心」（《大正》19，頁 122），才能真正的「圓成果地修證」（《大正》19，頁 122）。關於這「第一義」的部分，真鑑科為「決定以因同果澄濁頓入涅槃義」（《卍續》18，頁 546）。在科名之下，他特別指出，「以因同果四字，便是第一決定之宗」（《卍續》18，頁 546），並解釋說：

> 蓋言所以必欲因果相同者，以因果不同，則不能澄濁取涅槃也。經文顯然可見。然此一義，文短而義長。義長者，蓋直至如來斷果究竟極證也。又此雖因果雙舉，而意在略明果證之遠，非比小教……亦非比始教……，由彼皆以生滅識心為本修因，而因果不同，故不能遠趨佛之常果。是故先須說此第一決定也。此旨妙甚！（《卍續》18，頁 546）

真鑑之強調「以因同果」、「因果相同」，可以看出目的是直指不生滅的「佛之常果」。而對於經文所言的「生滅心」，在此加一「識」字，換言之，在真鑑看來，經文在此強調所不應取為本修因的生滅心，即是本經在「十番顯見」之前所破除的識心。真鑑在對於本段落經文「汝觀世間可作之法，誰為不壞？然終不聞爛壞虛空。何以故？空非可作，由是始終無壞滅故」（《大正》19，頁 122）的解釋時，便特別明指「此但借虛空為例，意明欲求不壞因心，須取無作之性，不應復用生滅心也。生滅，即指識心。無作妙性，即根中圓湛不

生滅性也」(《卍續》18，頁 547)。由此可知，眞鑑認爲的「本修因」，便是在此所說的「無作之性」，亦即「根中圓湛不生滅性」，也就是他在「十番顯見」中所特別抉發出來的根性。以根性即爲本修因之說，他在接下來的經文詮釋中，也屢屢明言。如在經文「阿難，汝今欲令見聞覺知遠契如來常樂我淨」(《大正》19，頁 122)下，說：「見聞覺知，眾生現具六根中性，即本覺也。」(《卍續》18，頁 550)又如在經文「應當先擇死生根本，依不生滅圓湛性成」(《大正》19，頁 122)下，說：

> 死生根本，即六處識心，而經初「七番破處」顯發全非者也。凡、外、權、小悉取之而錯亂修習，皆爲因不同果，今決定擇去而不用。此緣佛前判二種根本時，即以此心爲生死根本，故知然也。不生滅圓湛性者，即根中所具，經初十番顯示、二見剖瑩，近具六根、遠周萬法者也。凡、外、權、小悉昧之而日用不知，今決取而依之。茲蓋緣佛自判此性爲菩提涅槃元清淨體，故知然也。若此，則經文前後召應，脉絡貫通，極爲妙旨。(《卍續》18，頁 551)

所謂「死生根本」，即前文「七番破處」時所極力破除的識心。而作爲「本修因」的「不生滅圓湛性」，即「十番顯見」中所彰顯出來的根性。而在經文「以湛旋其虛妄滅生」(《大正》19，頁 122)下，則說：

> 湛，即取上不生滅圓湛性也。約前，即如來所示之見性；約後，即觀音所用之聞性。其體，本來湛然而不動。按前文屈指飛光及後文擊鐘所驗：不動不搖、無生無滅之本性也。(《卍續》18，頁 551)

可知作爲「本修因」的「不生滅圓湛性」，便是「十番顯見」所指出的見性，而後文實際修行的耳根圓通，也是立足於「不動不搖、無生無滅」的「聞性」。又經文「我今備顯六湛圓明本所功德數量如是」(《大正》19，頁 123)下，眞鑑也再次詳予註明「湛圓明，即第一決定中圓湛不生滅性。足顯前指根中之性，無疑也」(《卍續》18，頁 560)。必得認準這不生滅的「根性」作爲「本修因」，才能眞正進入到「二決定義」的「第二義」——「決定從根解結脫纏頓入圓通義」(《卍續》18，頁 553)，也才能眞正達到「佛之常果」的目的地。眞鑑在這一科中特別強調「從根解結」，強調「不從根，則不能脫纏頓入圓通」(《卍續》18，頁 553)，更強調「一經要義，下手工夫，全在此科」(《卍續》18，頁 553)，在在都指向了以根性爲實際修行時，作爲「本修因」的入手關鍵。而在《正脉疏懸示》中，對此也屢屢發明。眞鑑說：

> 所破識心，令其捨之者，斥妄根本也；指與根性，令其用之者，授
> 眞根本也。惜舊註於眞根本全不達其即下所指與之見精……詳究如
> 來剖判語意，則知一切權人之所以爲權者，由其錯用識心爲本修因
> 也。……實人之所以爲實者，由其能用根性爲本修因也。(《卍續》
> 18，頁 283)

在此明確地區分了眞根本與妄根本。妄根本即爲識心，即爲權人之所誤用，
而根性才是眞根本，才是實人所用以爲本修因者。能否以根性爲本修因，正
是區別權實二者成就的關鍵。又如說：

> 第一決定，即兼去妄用眞二義。其所辯生滅心不可以爲本修因者，
> 即前攀緣識心。……又其令依不生滅圓湛之性，即用眞本也。而舊
> 註又別釋爲三止觀，全與前文無干，遂令悟、修不成一貫，而後學
> 永迷也。至於第二決定，但令決用眞本而加詳爾。(《卍續》18，頁
> 283~284)

由此可知，證成根性爲本修因，正是爲了一矯前人援引止觀之法，而使本經
所悟與所修、前悟與後修貫通爲一。

　　由以上所論可知，眞鑑在詮釋「十番顯見」之時，特別提出了心性五義，
指出其「同後五義」，並以此爲「此見即是如來藏心」之證據，這正是抉發出
見性通於藏性的精義，而這精義，並非只是爲了在詮釋上能使經文前後的理
論一貫而已，更是爲了彰顯出「十番顯見」所揭示的根性，正是本經在修行
實踐上特重的「本修因」，是「正修必用」。眞鑑對於破妄之後即將顯眞的科
文，作「顯示所遺眞性令見如來藏體」(《卍續》18，頁 352)，指出見性即眞
性、即如來藏體，並說「此科即是眞本，正修必用」(《卍續》18，頁 352)，
其用意，便是歸結於其要彰顯出根性作爲本修因的獨家發明。

第三節　心性五義在全經心性意涵中的地位及其未盡之意

壹、「十番顯見」之心性五義足以涵蓋全經之心性意涵

　　明瞭了眞鑑在「十番顯見」中所提出的心性五義之說，其內涵與用意之
後，接著則應該考察這心性五義，在全經所言心性意涵中的地位。明瞭這一
點，才能眞正了解心性五義在全經中的定位。關於這項課題，由於眞鑑並未

加以說明，所以更有考察的必要。而要確定心性五義在全經心性意涵中的定位，便必須先就眞鑑對於全經所涉及之心性詞語的詮釋進行全面性的考察，才能清楚眞鑑如此詮釋的安排。

　　關於本經所言及的心性詞語，經全面查考後，依經中出現的順序，分別是「常住眞心性淨明體」（《大正》19，頁 106）、「無始菩提涅槃元清淨體」（《大正》19，頁 108）、「本明」（《大正》19，頁 108）、「眞性」（《大正》19，頁 108）、「元常」（《大正》19，頁 108）、「清淨妙淨明心性一切心」（《大正》19，頁 109）、「本心」（《大正》19，頁 109）、「寂常心性」（《大正》19，頁 109）、「妙明心」（《大正》19，頁 109）、「妙微密性淨明心」（《大正》19，頁 109）、（自此開始爲「十番顯見」的範圍）「不生滅性」（《大正》19，頁 110）、「妙明眞精妙心」（《大正》19，頁 110）、「本妙圓妙明心寶明妙性」（《大正》19，頁 110）、「妙明眞心」（《大正》19，頁 110）、「妙明心元所圓滿常住心地」（《大正》19，頁 111）、「本元心地」（《大正》19，頁 111）、「妙明元心」（《大正》19，頁 111）、「妙精明心」（《大正》19，頁 111）、「心本妙明淨」（《大正》19，頁 111）、「妙性」（《大正》19，頁 111）、「菩提妙淨明體」（《大正》19，頁 112）、「妙明無上菩提淨圓眞心」（《大正》19，頁 112）、「精眞妙覺明性」（《大正》19，頁 112）、「覺性」（《大正》19，頁 112）、「眞實心妙覺明性」（《大正》19，頁 112）、「妙覺性」（《大正》19，頁 113）（「十番顯見」至此）、「覺心明淨」（《大正》19，頁 113）、「本覺明心」（《大正》19，頁 113）、「覺明無漏妙心」（《大正》19，頁 113）、「清淨本心本覺常住」（《大正》19，頁 113）、「本覺妙明」（《大正》19，頁 113）、「覺元」（《大正》19，頁 113）、「妙覺元」（《大正》19，頁 114）、「妙覺明體」（《大正》19，頁 114）、「如來藏常住妙明不動周圓妙眞如性」（《大正》19，頁 114）、「菩提妙明元心」（《大正》19，頁 119）、「心精」（《大正》19，頁 119）、「本妙心常住不滅」（《大正》19，頁 119）、「如來藏清淨本然」（《大正》19，頁 119）、「性覺妙明本覺明妙」（《大正》19，頁 120）、「妙覺本妙覺明」（《大正》19，頁 120）、「妙空明覺」（《大正》19，頁 120）、「妙覺明空」（《大正》19，頁 120）、「妙覺明心」（《大正》19，頁 120）、「眞妙覺明」（《大正》19，頁 120）、「如來藏唯妙覺明圓照法界」（《大正》19，頁 121）、「眞如妙覺明性」（《大正》19，頁 121）、「如來藏本妙圓心」（《大正》19，頁 121）、「如來藏元明心妙」（《大正》19，頁 121）、「如來藏妙明心元」（《大正》19，頁 121）、「寶覺眞心」（《大正》19，頁 121）、「寶覺圓明眞妙淨心」（《大

正》19，頁121)、「獨妙真常」(《大正》19，頁121)、「妙明」(《大正》19，頁121)、「妙覺明圓本圓明妙」(《大正》19，頁121)、「勝淨明心」(《大正》19，頁121)、「如來藏妙覺明心」(《大正》19，頁122)、「湛圓妙覺明心」(《大正》19，頁122)、「不生滅圓湛性」(《大正》19，頁122)、「元覺」(《大正》19，頁122)、「元明覺無生滅性」(《大正》19，頁122)、「圓湛」(《大正》19，頁123)、「覺明」(《大正》19，頁123)、「元真」(《大正》19，頁123)、「本明耀」(《大正》19，頁123)、「湛精圓常」(《大正》19，頁123)、「性淨妙常」(《大正》19，頁124)、「真常」(《大正》19，頁124)、「性淨妙常」(《大正》19，頁125)、「覺清淨心」(《大正》19，頁126)、「本妙覺心」(《大正》19，頁128)、「妙性圓明」(《大正》19，頁138)、「性明心」(《大正》19，頁138)、「本圓明」(《大正》19，頁138)、「妙圓真淨明心」(《大正》19，頁141)、「妙明真淨妙心」(《大正》19，頁143)、「本元真如」(《大正》19，頁143)、「本真淨」(《大正》19，頁143)、「妙圓明」(《大正》19，頁145)、「妙覺明心」(《大正》19，頁146)、「妙圓明無作本心」(《大正》19，頁147)、「本心」(《大正》19，頁147)、「本覺妙明覺圓心體」(《大正》19，頁147)、「精真妙明本覺圓淨」(《大正》19，頁154)與「本覺妙明真精」(《大正》19，頁154)。

有關這些涉及心性意涵的詞語，真鑑並未一條不漏地加以解釋，其中當然因為不少詞語頗有重出之處，如妙、淨、明、圓、常、覺、真等字眼重出頻率甚高，在相近的文脈處，既然前者已作出解釋，則後者便不再需要說明。關於這些真鑑未加解釋的心性詞語，實可看作真鑑認為意涵相同、無需辭費來處理。因此，應當著眼在真鑑明白進行解釋的部分。而這部分，又必須先作出範疇的區隔。因為既然今日要考察心性五義在全經所言心性意涵中的地位，則必須先將「十番顯見」中已言及的心性五義區隔為一範疇，而「十番顯見」之外的經文所言及的心性意涵為另一範疇，經由比對兩範疇所言心性意涵的出入，才能看出心性五義在真鑑詮釋的心性意涵中所佔有的地位，亦即其是即已能作為涵蓋全經心性意涵的表述，或是僅能作為部分表述？而若作為部分表述，其意涵又具有何種地位？

以下便先就真鑑在「十番顯見」之外的經文中，其對於心性相關詞語的解釋進行考察。

關於「十番顯見」以外的心性詞語，依真鑑的解釋來看，似乎大多不出於心性五義之外。如「寂常心性」，真鑑的解釋是：「寂者，不動搖也。常者，

無生滅也。」(《卍續》18，頁 353)「妙明心」，眞鑑的說法是：「空有不羈曰妙，體用朗鑑曰明。……又物不能礙曰妙，物不能混曰明。」(《卍續》18，頁 353～354)兩詞語所言，皆不出心性五義。而眞鑑所認爲之心性五義的由來——「如來藏常住妙明不動周圓妙眞如性」，眞鑑的解釋是「本無生滅曰常住，不滯明寂曰妙明，本無去來曰不動，不徧(筆者案：當爲「偏」)空界曰周圓。……具此眾妙，故曰妙眞如性。」(《卍續》18，頁 426)本詞語對於如來藏性的描述，依眞鑑的解釋，即其在「十番顯見」首番末所說的「後五義」——寂、常、妙、明與周圓。又如「本妙心常住不滅」，眞鑑解釋爲「本妙心者，本來面目恒徧一切。……常，無始終。住，無去來。無始終、去來，故永不滅矣！」(《卍續》18，頁 484)依此解釋，「無始終、去來，故永不滅」，同於五義中之寂與常義，而「本來面目恒徧一切」，雖然是彰顯妙義，其中的「恒」與「徧」，卻也同時可說具有常與周圓之義。以上所言，其實也都還在五義之中。　此外，如「如來藏元明心妙」，眞鑑的解釋是：「元，亦本也。元明者，本明照用，有涵具之意。而復係之以心妙者，見用但體含，仍非滯有之用也。」(《卍續》18，頁 526)「本圓明」，眞鑑的解釋是：「妄業不能虧，曰本圓。妄惑不能蔽，曰本明」(《卍續》18，頁 726)「妙圓明」，眞鑑的解釋是：「妙，則不受業縛。圓，則不容他物。明，則了無幽暗。」(《卍續》18，頁 792)「妙圓明無作本心」，眞鑑的解釋是：「業果不縛曰妙，空有不墮曰圓，惑障不覆曰明，不由取捨修證曰無作。」(《卍續》18，頁 819)「如來藏本妙圓心」，眞鑑的解釋是：「本妙者，本來虛寂，無有一物，如珠淨體本來非青、非黃等。而又係以圓心者，明其但是不定屬於一法而已，非灰斷偏空也。」(《卍續》18，頁 523)以上有關心性意涵之詞語的解釋，雖然看似略有出入，其實也都還不出五義中的明、妙與圓義。

涉及五義之外的，首先要屬「淨」義。在「常住眞心性淨明體」一語的解釋中，眞鑑說：「常住，則非生滅。眞心，則非妄心。性淨者，本自無染。明體者，本自不昏。」(《卍續》18，頁 329)在此所言及的心性意涵，包括常住、眞、淨與明。其中的常住與明，同於心性五義所言，而眞與淨二義，看似在心性五義中並未言及，不過，心性五義本身即是就眞心而言，因此，「眞」的意涵也可說涵蓋在內。倒是「本自無染」的「淨」，雖然眞鑑在「十番顯見」第五番經文最後的「汝心本妙明淨」下，曾解釋說「不爲諸塵所染，而緣心不能疑混，曰本淨」(《卍續》18，頁 381)，不過，並未將此列入五義之中。

這是否意味著眞鑑認爲「淨」義並非如來藏性的重要意涵呢？

　　在「十番顯見」之外的經文中，涉及「淨」義的心性詞語頗爲不少。如「無始菩提涅槃元清淨體」。眞鑑的解釋是：

> 無始者⋯⋯不可詰其先後。⋯⋯。菩提者，三種中，眞性菩提耳。
> 涅槃者，義番圓寂，眞本圓而妄本寂也。三種中，性淨涅槃耳。⋯⋯
> 元，即本也，不取修斷障染所成。（《卍續》18，頁 345）

在此解釋中，「無始」之「不可詰其先後」，相當於常義。「菩提」，則是言其眞義。「涅槃」，言其圓、寂與「淨」義。「元清淨」之「不取修斷障染所成」，則言其本淨之義。在本詞語的解釋中，於心性五義之外，顯然還可見到「淨」義。再如「清淨妙淨明心性一切心」。眞鑑的解釋是：

> 自體無垢曰清淨。處染不染曰妙淨。湛寂虛靈曰明心。性一切心者，
> 與一切法爲心性也。此心海廓周法界，而一切諸法皆是眞心海中所
> 現影像，無自體性，但依此心爲彼實性故也。（《卍續》18，頁 349）

在本條詞語的解釋中，「湛寂虛靈曰明心」，相當於明義。「性一切心」之「與一切法爲心性」，以及「廓周法界，而一切諸法皆是眞心海中所現影像」，則相當於周圓義。在心性五義之外的，則爲「清淨」之「自體無垢」與「妙淨」之「處染不染」二者所揭示的「淨」義。在此所揭示的「淨」，包含了體（自體無垢）與用（處染不染）兩方面的「淨」，這是心性五義中所未言及者。此外，還有「湛精圓常」，眞鑑的解釋是：「澄清不動曰湛，靈明不昧曰精，充滿法界曰圓，體恒不滅曰常。」（《卍續》18，頁 572）「性淨妙常」，眞鑑的解釋是：「淨而不染，妙而不縛，常住而無生滅也。」（《卍續》18，頁 577）「性淨妙常」，眞鑑解釋爲「在染無染曰淨，居縛不縛曰妙，隨流不變曰常」（《卍續》18，頁 588）「本妙覺心」，眞鑑的解釋是：「在因同果，處染常淨，故曰本妙覺心。」（《卍續》18，頁 641）在這些詞語中，都特別同時突出了心性所具有的「淨」義。又如「妙微密性淨明心」，眞鑑的解釋是：

> 自其本寂而言，謂之性。自其本覺而言，謂之心。今於性而稱微密，
> 謂隱微祕密，即本寂無有形聲意也。於心而稱淨明，謂無染無蔽，
> 即本覺照體獨立意也。而妙字，同前空有不覊、物不能破，貫下性、
> 心，當云妙微密性妙淨明心。（《卍續》18，頁 354）

本條詞語的解釋中，「性微密」之「隱微祕密」，通於五義之寂義。雙貫性與心的「空有不覊、物不能破」之「妙」，通於五義之妙義。「淨明心」之「明」，

可通於五義之明義。五義中所未言及者,便是「無染」之「淨」義。

　　依以上的考察來看,「淨」義應該是心性所具有的重要特質之一。既然如此,爲何眞鑑並未將其與五義並列爲六?這或許可以由眞鑑對於另外兩個詞語的解釋找到線索。首先是眞鑑對於「覺明無漏妙心」的解釋。眞鑑說:「覺明……應是覺湛明性,此自其本淨而言。無漏,自其無染而言。……總此本淨、不染二意,故曰妙心。」(《卍續》18,頁418～419)依此說來看,「覺明」之「覺湛明性」,似乎不分爲覺與明二義,而可統合歸入「本淨」之「淨」義。而「無漏」之「無染」,其實也是「淨」義。雖然眞鑑在此說「本淨、不染二意」,不過,「總此」二意而爲妙義,則似乎意味著「淨」義在眞鑑的詮釋中,可以涵攝在妙義之中。或許便是因爲如此,「十番顯見」第五番末尾「本妙明淨」中的「淨」,眞鑑才並未將其獨立列於心性意涵中。而接下來的「妙覺明體」,眞鑑解釋爲「無相而能現相,故稱爲妙覺明。准前,即覺湛明性」(《卍續》18,頁424)。既同於前之「覺湛明性」,則當歸入於「淨」義,而又涵攝於妙義之中。因此,雖然「淨」義也是心性的重要意涵之一,不過,在眞鑑的詮釋中,似乎已可由妙義予以涵攝。

　　另一個值得留意的心性意涵,是在心性詞語中出現頗多次的「覺」義。在前文所言及的「覺明無漏妙心」與「妙覺明體」的解釋中,似乎看不到眞鑑將「覺」義獨立出來的用意。而在另一個詞語,即「精眞妙明本覺圓淨」的解釋中,也似乎是如此。眞鑑的說法是:「精眞者,純眞全體也。妙明者,惟有寂照雙融也。名之以本覺者,揀非修成也。而特言其圓淨者,即彌滿清淨也。」(《卍續》18,頁885)在此所言及的眞、妙、明、圓與淨,前文皆已考察過。倒是以「揀非修成」來解釋「本覺」,尚未探討。在此,眞鑑雖然以「非修成」來解釋「本覺」,不過,這似乎僅僅言及了「本」而未言及「覺」。這種未將「覺」義獨立出來的情況,尚有以下兩個例子。在對於「眞妙覺明」的解釋中,眞鑑說:「眞妙覺明者,元眞之妙覺明心也,冥含萬有、不滯一相之體耳。」(《卍續》18,頁514)而在「如來藏唯妙覺明,圓照法界」的解釋中,眞鑑則說:「惟一妙淨本覺湛明之性,圓融照了,徧周法界。」(《卍續》18,頁518)在這兩個詞語中,「覺」字的作用,看來似乎是與其他的心性意涵並列,不過,眞鑑卻並未對其單獨提出解釋。

　　如此看來,應該要問的是,眞鑑是如何來看待在心性詞語中所多次出現的「覺」字?關於這點,線索或許在另外幾個出現「覺」字的詞語中。在對

於「妙覺明圓本圓明妙」的解釋中，眞鑑的說法是：「妙覺明圓者，以一覺字處於三義之中，顯覺體具乎三義也。」（《卍續》18，頁 531）依眞鑑之說來看，所謂「一覺字處於三義之中」，顯然眞鑑並未將「覺」與妙、明及圓三義並列，而「覺體具乎三義」，則更進一步說明了「覺」字指體，因此才會說「覺體」，而這「覺體」又「具乎三義」，則可知眞鑑對於「覺」字的看法，認爲其所指涉的，並非單一的心性意涵，而是指涉心性本體。既是心性本體，自然是具有多義。眞鑑以「覺」爲本體之說，在其對於「湛圓妙覺明心」的解釋中，也可看到。他說：「本無渾濁曰湛，本無分隔曰圓。下覺之與心，名、體雙舉也。覺者，心之體。由圓而不隔，則本有互融之妙，故曰妙覺。心者，覺之名。由湛而不渾，則本有徹照之明，故曰明心。」（《卍續》18，頁 547）依此解釋，湛、圓與妙，是用來說明「覺」字的意涵，而明則是說明心字。眞鑑明白地指出，「覺者，心之體」，「心者，覺之名」，可以看出，在眞鑑的詮釋中，「覺」字並非作爲單一心性意涵的表述，而是作爲具有多義性的本體。正因如此，以下另外兩個詞語才能解釋的通。在對於「妙覺明心」的解釋中，眞鑑說：「本無生死識心曰妙，本無冥頑色空曰覺，本無無明惑障曰明。」（《卍續》18，頁 818）就眞鑑在此的解釋來看，「覺」字似乎是與妙及明二字並列而言，有其自身「本無冥頑色空」的單獨意涵。此外，在對於「性覺妙明本覺明妙」的解釋中，眞鑑則說：「性覺、本覺，顯是所依覺義。而性、本異稱者，各有詮表。性，表一眞理體，未涉事用。……本，表天然本具，不論修爲故。……二覺互影顯融也。」（《卍續》18，頁 492）如果只就本條詞語的解釋來看，則容易僅僅誤以「覺」爲義，而依「二覺」之說，恐怕又會因其「各有詮表」而誤以「覺」爲有二。實則在眞鑑的詮釋中，「覺」字固然可以指涉心性意涵，不過，其所表述的心性意涵，顯然並非單一意涵，而可說是涵攝了妙、明、淨與圓諸義，此外，「覺」字還特指本體，與心並稱，這是其迥異於其他表述心性意涵詞語之處。

除了「淨」與「覺」多次出現在表述心性意涵的詞語中之外，還有兩字也曾出現，不過，出現頻率遠不及上述諸字。首先是「寶」義。眞鑑在對於「寶覺眞心」的解釋中說：「世之所稱爲寶者，略有三義：一、離垢穢。二、具光明。三、富財用。今以本覺不變之體即離垢義，圓照之相即光明義，隨緣之用即財富義，故稱寶覺也。」（《卍續》18，頁 529）而在解釋「寶覺圓明眞妙淨心」時，則說：「寶覺圓明者，領前寶覺而加圓、明二義。圓，即前之

富有財用意。明,即前之離垢光明意。」(《卍續》18,頁530)則寶義似已涵攝於淨、明與圓三義中。

另一個出現頻率較低的,則是「勝」義。眞鑑在對「勝淨明心」的解釋中說:「勝淨明心,……合明體而兼舉也。勝者,超過一切、無比無上之意。淨者,煩惱不能染。明者,無明不能昏也。」(《卍續》18,頁534)在此解釋中,「勝」義之「超過一切、無比無上」,其實僅是說明了心性的優越性,而非對於心性意涵的具體表述。因此,似可不列入心性意涵之中。

總合以上的考察,可知在眞鑑的詮釋中,心性五義實足以涵蓋其對於全經心性意涵的詮釋,而這也正同時說明了「十番顯見」在全經中的重要程度,以及其特別提出「十番顯見」的用心所在。

貳、「示見超情」與「顯見離見」彌補了心性五義的未盡之意

由以上的考察可知,「十番顯見」所揭示出的心性五義,是幾乎足以涵蓋全經的心性意涵。雖然如此,必須進一步追問的是:這「十番顯見」中的心性五義,固然足以回應全經對於如來藏心的開示,不過,僅以這五義是否便足以盡如來藏心之全貌?亦即如果遭遇到其他對於心性意涵的不同表述,眞鑑頗爲自豪、獨家發明的「十番顯見」,是否具有充分的潛在能力足以回應?

就以前文所言及的淨義與覺義來看。關於心性清淨義,自部派佛教以來,便是極受關注而專門探究的重要課題〔註4〕。到了中國,這項課題持續受到不同時代與不同宗派的關注與探討。如華嚴宗與天台宗歷代多就自性清淨說與性具染淨說有不同的主張〔註5〕,又如禪宗神秀與惠能之或重染淨二心與或重

〔註4〕 《成實論》中,歸結了各部派的根本主張爲十項主題,進行探討,其中一項即爲探討心性是否本淨的課題。有關部派佛教對於心性本淨課題的主張,可參見呂澂《印度佛教思想概論》(臺北:天華出版事業股份有限公司,1982年),頁48、51、87~88。或詳見方立天《中國佛教哲學要義(上卷)》(北京:中國人民大學出版社,2002年),頁233~238。或詳見〔日〕水野弘元著,釋惠敏譯《佛教教理研究》(臺北:法鼓文化事業股份有限公司,2000年),頁277~296。另日人勝又俊教,則詳加考察了原始佛教、部派佛教到大乘佛教的「心性本淨說」。詳見〔日〕勝又俊教《佛教における心識説の研究》(東京:山喜房佛書林,昭和36年),頁463~511。

〔註5〕 方立天指出,「與天台宗宣傳佛心中具有善惡淨染的説法不同,華嚴宗認爲佛性是純淨至善的,無染無惡的」。關於兩宗的不同主張,可參見方立天《中國佛教哲學要義(上卷)》,頁304~344。

自性清淨〔註6〕等。此外,又延伸出心性爲純善或是性具善惡〔註7〕這類有關心性與善惡特質之間關係的課題。而覺義更是並不認同《楞嚴經》,乃至漢傳佛教的呂澂,其所認爲的漢傳佛教有別於印度佛教的重要特質〔註8〕。雖然這淨義與覺義兩義,皆可涵攝在眞鑑的五義之中,不過,顯然眞鑑並不以此二義爲主要探究的課題。如此一來,眞鑑所提出的「非但只爲經初要義,而全經始終,皆以此爲要義」(《卍續》18,頁 279)的「十番顯見」,一旦面臨到這些不同的對於心性意涵的表述,是否足以與之對話,乃至回應這些挑戰?甚至是擴大到有關其他佛教典籍對於心性意涵之不同表述的論爭〔註9〕?

〔註6〕 見方立天《中國佛教哲學要義(上卷)》,頁 395~417。另可見樓宇烈〈禪宗「自性清淨」說之意趣〉一文,收錄於樓宇烈《中國佛教與人文精神》(北京:宗教文化出版社,2003 年 10 月),頁 243~277。

〔註7〕 性中具惡,爲天台宗異於其他宗派所特別提出的主張。詳見董平《天台宗研究》(上海:上海古籍出版社,2002 年),頁 115~139。或見潘桂明、吳忠偉《中國天台宗通史》(南京:江蘇古籍出版社,2001 年),頁 151~163。或見賴永海《中國佛性論》(北京:中國青年出版社,1999 年),頁 124~138。或見方立天《中國佛教哲學要義(上卷)》,頁 312~320。這個課題,一直到眞鑑稍後的傳燈,仍爲此特別撰寫了《性善惡論》。詳見《卍續》101。

〔註8〕 呂澂在〈試論中國佛學有關心性的基本思想〉一文中,指出中國佛學與印度佛學在心性思想上的根本分歧之點,是在於雙方對於「心性明淨」的理解不同,由此而開展出「性寂」與「性覺」的不同說法。他說:

> 印度佛學對於心性明淨的理解是側重於心性不與煩惱同類。它以爲煩惱的性質囂動不安,乃是偶然發生的,與心性不相順的,因此形容心性爲寂滅、寂靜的。這一種說法可稱爲「性寂」之說。中國佛學用本覺的意義來理解心性明淨,則可稱爲「性覺」之說。從性寂上說人心明淨,只就其「可能的」「當然的」方面而言;至於從性覺上來說,則等同「現實的」「已然的」一般。

詳見呂澂《經論攷證講述》,頁 125~136。後來的學者方立天,承襲了呂澂的這項觀點,認爲「眞心本覺說的提出,標誌著中國佛教思想的獨創性與成熟性,并成爲中印佛學在心性論上的根本分歧點」。見方立天《中國佛教哲學要義(上卷)》,頁 303。然而,呂氏提出這項說法,其實是立基於社會階級的角度來推論(可詳見其文),因此,結論是否有效,似乎仍然有待商榷。此外,依眞鑑之說,《楞嚴經》的心性意涵,並未偏於覺義而忽略了寂義,反倒是寂義還列於心性五義之中。此或可回應呂氏簡略地以「性寂」與「性覺」來論斷中、印佛學之不同的主張。而若以呂氏所主張的《楞嚴經》爲中國佛家所僞造的說法來看,則《楞嚴經》對於心性意涵的揭示,應當多就覺義而言。然而,事實卻並非如此,則不知呂氏將要如何自圓其說?

〔註9〕 有關心性範疇的課題之所以重要,值得深入探究,便在於其涵蓋層面多元,並且爲佛教諸家學說的根本內容。對此,方立天曾扼要地指出。他說:

> 佛教心性論具有心理自然、道德修養、宗教情感、宗教實踐和眾生乃至

　　有關這些佛教史上對於心性課題的論爭，就目前可見的資料來看，顯然真鑑並未作出探究、參與討論，當然，他也並無回應的責任，因爲其撰著的重點並非在此。不過，這卻是十分重要的課題。對於心性意涵認識的分歧，正是歷史上會產生諸多論爭的根本所在。那麼，在真鑑對於「十番顯見」的詮釋中，是否有足以消解這些難題的潛在能力？就其對於「十番顯見」的詮釋來看，其實是留有伏筆堪爲此資的，那就是其對於第九番「示見超情」與第十番「顯見離見」的詮釋。

　　有關真鑑所言的心性五義，其實，在其對於前八番經文的詮釋中，即已完全揭示出來。因此，並無法看到第九與第十兩番顯見在心性五義中的定位，而真鑑也並未多加說明。就這點來看，顯然最後兩番的顯見，並不在於揭示出心性五義，亦即揭示出心性的具體意涵。然則在首番顯見中，不是已經明白地指見是心，則最後兩番的顯見，自然也應該是顯心。既是顯心，卻又不是揭示心性的具體意涵，則該如何來理解真鑑的用意？處於今日，做爲研究者，實應代真鑑說出其未說的話語。

　　關於第九番的經文，真鑑科爲「示見超情」。就本番經文所面對的問題來看，主要是針對阿難疑濫真性爲自然及因緣二說來進行探討。因此，就阿難惑真性爲自然的部分，真鑑指出佛陀是「約隨緣義以破之」（《卍續》18，頁400），而惑真性爲因緣的部分，則是「以不變義以破之」（《卍續》18，頁 401）。然而，在真鑑看來，本番經文的深意，卻並不僅止於破自然與因緣二義之疑濫於真性而已，而是要以自然與因緣作爲一切情計的代表符號。所謂情計，就本番經文而言，其實並不只是阿難在問題中所提出的自然與因緣而已。關於這一點，由佛陀在答覆阿難的經文中所說的「如是精覺妙明非因非緣，亦非自然，非不自然，無非、不非，無是、非是」（《大正》19，頁 112），即可知尚有所謂的非或不非，乃至是或非是。佛陀答語中的「非因非緣，亦非自然」，爲經文所明言探討者，因此，真鑑視之爲佛陀「重重拂迹」（《卍續》18，

　　　　　　　萬物本原等多個層面的涵義，涉及了心理學、生理學、倫理學、主體論、價值論、實踐論、境界論和本體論等廣泛領域，是佛教學說，尤其是佛教主體價值論的根本內容。

　　　　因此，方氏在其著作中，以十四章，約佔全書五分之二的篇幅，來詳加論述。而有關心性課題的論爭，依方氏簡要的歸納，便有凡性與佛性之爭、性淨與性覺之爭、性有與性無之爭、性本有與性始有之爭……等。詳見方立天《中國佛教哲學要義（上卷）》，頁 220～608。

頁 402）中之「拂已說者」（《卍續》18，頁 402）。而經文並未明言探討的不自然、非與不非，以及是與非是，則是「重重拂迹」中之「拂未說者」（《卍續》18，頁 402）。這所謂的「拂未說者」，並非眞的只有經文所明白提及的不自然、非與不非，以及是與非是而已，其實指的便是一切的情計。證據何在？在於眞鑑對接下來的兩句經文「離一切相，即一切法」（《大正》19，頁 112），將其科爲「情盡法眞」（《卍續》18，頁 402），意味著「諸情蕩盡，法法元眞」（《卍續》18，頁 403），並明白指出「此二句，推廣印定也」（《卍續》18，頁 402）。眞鑑詳細地對此解說，他說：

> 上句，盡其餘執也。末句，推廣而言，不獨見性，但能離相，則即一切法，無不皆眞也。相，謂一切情計之相，非謂法之自相也。是可見法本無差，情計成過。諸情蕩盡，法法元眞，但用忘情，無勞壞相也。……溫陵意謂離偏計知，即圓成實，與此解同。缺依他起者，且超略而論也。理實下文釋迷悶科中，方遣依他起矣！又當知……更與疊拂科，如種種消解諸藥毒耳！（《卍續》18，頁 402～403）

依眞鑑的詮釋，所謂的「離一切相」，便是「盡其餘執」，便是離一切「情計之相」。而所謂的「更與疊拂科，如種種消解諸藥毒」，則是由科文方法來說明本番經文所遣的情計，並不只是阿難提問中的自然與因緣而已，而是一切情計盡遣。此外，眞鑑在詮釋中，還特別強調了問題的癥結不在於「相」，而是在於「情計」。他說「法本無差，情計成過」，以及「但用忘情，無勞壞相」的用意，便在於此。而他所說的「情計」，則同於戒環所說的「偏計知」。這是由唯識三性說所作出的詮釋〔註10〕。眞鑑認爲，戒環在本番經文的詮釋中，只言及了「離偏計知」，便「即圓成實」，其實省略了「依他起」的部分。就眞鑑的看法，則必須到第十番經文中，連依他起性也加以遣盡，才能眞正地「即圓成實」。這部分，則留待探討第十番經文時再論。

眞鑑所謂的「情計」，除了可以「偏計知」來理解外，其實，由眞鑑對於第九番末尾經文「汝今云何於中措心，以諸世間戲論名相而得分別」（《大正》

〔註10〕關於唯識學所說的三性，分別指的是偏計所執性、依他起性與圓成實性。可參見法舫法師《唯識史觀及其哲學》（臺北：天華出版事業股份有限公司，1976年），頁 230～240。或見韓廷傑《唯識學概論》（臺北：文津出版社，1993年），頁 261～265。或見于凌波《唯識學綱要》（臺北：東大圖書股份有限公司，1997年），頁 92～98。

19，頁 112～113）的解釋，應該更能清楚地明瞭。這段經文，真鑑科爲「正責用情」（《卍續》18，頁 403）。所謂「用情」的「情」，便是經文所說的「措心」。真鑑將「措心」解釋爲「作意妄想」（《卍續》18，頁 403）。換言之，由情而計，即由「措心」而「以諸世間戲論名相而得分別」。然而，這種種「分別」，皆屬「戲論」。稱之爲「戲論」的原因，在於「此理離名絕相，迥非諸世間戲論所能及之」（《卍續》18，頁 403）。既是「離名絕相」，則但凡作意，乃至種種發明，不論是計較本覺或本寂、性善或性具善惡……等種種論爭，豈非皆屬情計妄想？僅此「超情」之說，便似乎已足以與其他說法的論難進行對話。這時，再回過頭來看真鑑在第九番經文開頭所作出的總詮釋，即「自然、因緣皆是妄情計執，今此見性竝不屬此，故曰『超情』」（《卍續》18，頁399），則應該重新有一番認識。即真鑑在第九番「示見超情」的科名下作出此說，固然無誤，不過，其所謂的「超情」，其實並不應僅只是在此所指涉的超越自然與因緣二種情計而已，就全番經文的深意而言，實是超越了一切的情計。

　　雖然真鑑對於第九番經文的詮釋，已足以與其他對於心性意涵的表述乃至論爭進行對話，不過，「十番顯見」經文的開展卻並未止於此。依真鑑的看法，超情尚只是離偏計執，還有依他起性未離，實仍未達到究竟圓滿的境地，這便是上文中曾提及的，其仍未滿足於戒環對於第九番之詮釋的原因。真鑑認爲，必須到了第十番的「離見」，連依他起性亦離，才能說是真正地顯發出圓成實性。因此，他對於第十番經文的詮釋，即便清楚地知道經文所要處理的問題，是阿難之「以今教而質昔宗」（《卍續》18，頁 403），質疑佛陀過去所說的因緣法與此處顯見中所言不同，而佛陀的處理方式，也是針對此「今教」與「昔宗」的衝突，而「深明其權實不同」（《卍續》18，頁 404），明白地指出「昔宗非第一義」（《卍續》18，頁 404），即經文所說的「世間諸因緣相非第一義」（《大正》19，頁 113）。不過，真鑑顯然並不認爲這是本番經文所要傳達出來的最核心的訊息。因此，全番的科名也並未由此而定，反而是以後面經文之「示今教爲第一義」（《卍續》18，頁 405），其中「未說」（《卍續》18，頁 405）的「離見」（《卍續》18，頁 405）來確立。

　　關於「未說」的「離見」，真鑑在「示今教爲第一義」的科名下，先予以分析說：「蓋雖總明第一義，而其中兩重，有淺、有深，有已說、有未說。亦即是結定已說，而發起未說也。」（《卍續》18，頁 405）所謂的「結定已說」，

指的是「離緣」（《卍續》18，頁 405）之說。關於「離緣」的部分，眞鑑指出：

> 此一重爲淺、爲已說。蓋自體離緣之義，從引盲人矚暗，直至非因
> 非緣文中，屢有此義。今重顯疊定者，以起下文耳！又顯從前所說，
> 皆離緣第一義，已自超乎因緣宗矣！（《卍續》18，頁 405）

依眞鑑之說，「離緣」之義，在首番顯見中即已揭出，並在經文開展到第九番的過程中，可以屢見此義。既爲已說，自然便不是本番所要特別揭示出來的重點。本番顯見眞正的核心要義，便在於由「離緣」之說所發起的、接下來的「離見」之說。眞鑑在對經文「四義成就。汝復應知見見之時，見非是見」（《大正》19，頁 113）的詮釋中說：

> 此一重爲深、爲未說，更顯向後說者，皆離見第一義也。而因緣中
> 義，益迥乎其不可及矣！……前已重重發明見精中眞妄和合。今此
> 上一見字，即見精中本體眞見。下一見字，即見精中所帶一分無明
> 妄見。從無始來，此之眞見常墮妄見之中，如人墮水，豈復見水？
> 後於聞教得悟之時，忽爾眞見現前，方能徹見妄體。然纔一見時，
> 則斯眞見之體已即脫于妄見，不復墮于其中，故曰「見見之時，見
> 非是見」。「非是」二字，即脫出之意。如人必登於岸，方能見水。
> 故纔一見水已，即不在水中矣！（《卍續》18，頁 405）

依此說可知，在「離見」之前所說的，不論是說心性之寂、常、妙、明與周圓等五義，乃至「離緣」之說，其實都還只是在眞妄和合的情況下所作出的帶妄之說。這類說法不論說得如何近眞，終究帶妄，更遑論其他一切有關心性染淨、善惡……等的論爭。必須達到「離見」，亦即原本墮於妄見之中的眞見之體，「脫于妄見，不復墮于其中」，如墮水之人脫水登岸，才可稱得上是眞正的「第一義」，才是本番經文眞正要揭示的核心要義。既然「離見」方爲眞正的第一義，則其他尚未「離見」的諸說，更如何能及？因此，眞鑑在對經文「見猶離見，見不能及，云何復說因緣、自然及和合相」（《大正》19，頁 113）的詮釋時，便特別指出說：

> 良以有妄見時，眞見全隱。及至眞見現前時，妄見已空，故終不能
> 及也。云何下，方責其執恪昔宗，愈不可及矣！和合未說，而言及
> 和合相者，蓋與因緣一類戲論不相捨離者也。（《卍續》18，頁 405
> ～406）

其實，所謂的「戲論」，恐怕並不只是在此所明白提及的因緣與和合諸說而已。

但凡尚未「離見」之諸般論爭，實則皆屬戲論。而達到「離見」，才能算是眞正地通達「清淨實相」（《大正》19，頁 113）。眞鑑對於「清淨」二字，特別加以解釋說：「徧計、依他了無干涉曰清淨。」（《卍續》18，頁 406）由此可知，眞正的「清淨實相」，在眞鑑的詮釋中，是必須徧計與依他二性俱離，才得以圓滿成就。這便是他會在第十番「顯見離見」開頭的總詮釋中，先對此特加點明的緣故。他說：

> 常途情、見二字不甚相異，但分本末，俱屬徧計。此則情與彼同，見與彼異，即指見精自體耳！夫見精既曰眞妄和合，則可約義而分眞、妄二見。……今言離見者，即眞見離於自體中一分妄見而已，……此即離依他起性矣！（《卍續》18，頁 403）

由此看來，「十番顯見」對於心性的彰顯，必須說，得到了第十番的「離見」，即「眞見離於自體中一分妄見」，即「離依他起性」，才能算是眞正達到圓滿的結果──圓成實性，而這同時，也才足以回應其他一切有關心性的論難。

　　總上所論可知，依據眞鑑的詮釋，第九番之「示見超情」與第十番之「顯見離見」，固然皆屬顯見，不過，其詮釋內容皆已超越了對於心性五義，即心性意涵之具體表述的層次。第九番的要義，在於揭示出但能「超情」，便已離於徧計之知。而第十番之「離見」，則更進一步地連見精亦離，離於依他起性，可謂眞正地達到圓成實性。最後兩番的顯見，實已超越了前八番對於心性五義表述的層次，圓滿地彌補了心性五義的未盡之意。

第五章 「十番顯見」的深層意涵
——「捨識從根」

　　方東美曾在介紹華嚴宗的哲學時，提及了杜順曾「設計一套『後設文字』來闡述華嚴宗教哲學的義理部分」〔註1〕。方氏採用了近代語意學中「對象文字」（object-language）與「後設文字」（meta-language）的概念來作說明。他所指涉的「對象文字」，指的是「《華嚴經》裡面的文字記載」〔註2〕，亦即「研究的題材內容，研究的對象」〔註3〕，範圍界定在宗教的立場。而「後設文字」，則是指「以《華嚴經》宗教教義裡面所記載的內容，把它當主題文字，來作為研究對象，同時再從宗教上面跳出來，跳到與教義理論有關的哲學觀點上面去」〔註4〕，是「從哲學的立場去製訂另一套文字」〔註5〕。其實，方氏採取這樣的二分法來研究，恐怕只是為了輔助讀者理解《華嚴》的奧義而已。如果真的認為「對象文字」與「後設文字」二者截然無關，認為「後設文字」是「從宗教上面跳出來」而與宗教無關，純粹只是「哲學觀點」的話，則恐怕將大失前人的用意。

　　明瞭了這一點，再回過頭來看真鑑的詮釋，則應進一步深入了解的，便是其對於「十番顯見」深層意涵的詮釋，亦即其對於「十番顯見」的經文所

〔註 1〕 方東美《華嚴宗哲學》（上冊）（臺北：黎明文化事業股份有限公司，1981 年），
　　　　頁 304。
〔註 2〕 方東美《華嚴宗哲學》（上冊），頁 305。
〔註 3〕 方東美《華嚴宗哲學》（上冊），頁 305。
〔註 4〕 方東美《華嚴宗哲學》（上冊），頁 306。
〔註 5〕 方東美《華嚴宗哲學》（上冊），頁 306。

製訂的「另一套文字」──「破識指根」(《卍續》18，頁 308、327) 或「破識顯根」(《卍續》18，頁 278)，以及「捨識從根」(《卍續》18，頁 308) 的深入發明。

　　所謂「破識指根」或「破識顯根」，指的是經文所明白揭示出來的破除識心，以及指出根性或是顯發根性，可說是根本認知的確立。而「捨識從根」，則為由「破識顯根」的正確認知，進入到實際宗教實踐上有關入手方法的取擇，亦即捨棄以識心為本的修行方式，而依循以根性為本的修行方式。真鑑所提出的「捨識從根」，雖然是由「十番顯見」而來，不過，其涵蓋的層面卻並非只是十番的經文而已，而是統攝了《楞嚴》全經的要義。他在《正脈疏懸示》中，曾將本經要義總結為四點，並各自闡述，「以見其特異於諸經、諸論，而獨為顯了親切也」(《卍續》18，頁 302)。這四點分別是「一者，決定不用識心」(《卍續》18，頁 302)，「二者，決定認取根性」(《卍續》18，頁 303)，「三者，決定不用天台止觀」(《卍續》18，頁 304) 與「四者，決定推重耳根圓通」(《卍續》18，頁 305)。在精要地闡述這四項要義後，雖然認為「攝前多義而但成四決定義，已極簡要」(《卍續》18，頁 308)，不過，真鑑仍更進一步地淬鍊出核心要義為十個字。他說：

> 若更束之，則但成十字。前二攝盡經義，成「捨識從根」四字。捨識易知。從根者，前半從根悟入，後半從根修證而已。後二攝盡經義，成「揀止觀重圓通」六字。(《卍續》18，頁 308)

所謂核心要義的「十字」，分別是「捨識從根」四字與「揀止觀重圓通」六字。「捨識」，即是「決定不用識心」。「從根」，依真鑑在此的解說，則不只是「決定認取根性」而已。由其所說的「前半從根悟入，後半從根修證」來看，可知不論是悟入或是修證，皆唯由此根性。「揀止觀」，則是「決定不用天台止觀」。「重圓通」，則是「決定推重耳根圓通」。真鑑這「十字」的詮釋，可謂精要之極。不過，如果以此再予以推求核心之核心、精要之精要，將其詮釋推展至極，則可知全經核心要義之極致，便在於「十番顯見」所揭示出的「從根」二字。因為「揀止觀」實是為了「重圓通」，所以可以涵攝在「重圓通」中。而「重圓通」又是屬於「從根」一說中的後半部份，即「後半從根修證」，因此可攝入「從根」之中。此外，止觀是由識而修，圓通是由根而入，又可分別攝入「捨識從根」之中。而「從根」即是揀除識心，因此可說全經核心要義之極致，便在於「從根」二字。這一點，真鑑在論及「何處是圓通之文」

的問答中，有獨到的發明。他說：

> 試指何處是圓通之文。其人笑曰：「觀音自陳初於聞中等文，以至文
> 殊選擇之偈。經有明文，有何難見？」答：「此下智隨言生解之知，
> 敢曰不難見哉？若是中人之智，自知從四卷後半，第一決定義中所
> 推不生滅圓湛之性，即此聞根之性，及第二義中指明根結、密揀圓
> 通，乃至擊鐘引夢、諸佛證明、綰巾示結等文，皆是說根性法門，
> 但未顯定何根為至圓而當專修也。此猶中人所知。若更有上智徹通
> 之見，當知破識之後所示見性，即是首薦根性為真修之本。而見、
> 聞無有異體，故十番顯見亦是顯聞，而語中亦帶聞字。如阿難云『若
> 此見聞必不生滅』等，是也。……是知自指見是心直至破非和合，
> 即是開示圓通中聞性之體，豈有別體乎？又極而言之，此文之前最
> 初破識，即是徹去圓通之障。以識心若不捨盡，決不知別有根性。
> 根性猶然不知，圓通何自而修哉？此文之後，四科、七大，乃至三
> 如來藏、十法界心，無非根性之極量，而非別有一性也。修圓通者
> 若不達此，豈知反聞之中統該萬有、極盡一真乎？……是斯經也，
> 前半全談藏性，所以開發圓通；後半全說圓通，所以修證藏性。一
> 經始終，皆為圓覺，豈惟觀音數語、文殊數偈而已哉！」（《卍續》
> 18，頁 305～306）

在此已脫離了經文表面可見的段落形式，而深入到內在深層義理的貫通發
揮。所謂的「下智隨言生解之知」，其對於圓通法門的認識，認為是由觀音自
陳其耳根圓通處開始。這其實只是就經文表面可見的段落形式所產生的認
識。如果能夠擺脫經文表面可見的段落形式之束縛，真正深入到內在深層義
理，則將圓通貫通到第四卷後半經文所言及的二決定義處，真鑑認為已可稱
得上是「中人之智」。不過，真正稱得上「上智徹通之見」，則是貫通到「十
番顯見」處，深澈地了悟到十番所揭示的見性，「即是首薦根性為真修之本」，
「即是開示圓通中聞性之體」，並進一步明瞭「最初破識，即是徹去圓通之
障」，為了得知「別有根性」。將破識、顯見、「四科、七大，乃至三如來藏、
十法界心」，以至後之圓通修證，完全貫通在根性之中，可說是以根性說來貫
通全經經脉。這也就是真鑑會屢屢鄭重地強調「當知斯經所以大異於眾典者，
正以其指心在根」（《卍續》18，頁 304）的緣故。

　　真鑑除了提出這「捨識從根」之說外，還就《楞嚴經》的精義大加深入

發明。這些發明分別是：一、佛為勸修真實大定，即「楞嚴大定」，故說《楞嚴經》。二、「如來正為畢竟廢權、畢竟立實，故說斯經」(《卍續》18，頁 284)。在此所說的「廢權」與「立實」，與《法華經》有關。三、「佛為特指如來知見即是眾生根性，故說斯經」(《卍續》18，頁 285)。此處的「特指如來知見」，與《法華經》之「開、示、悟、入佛知見」有關。四、「佛為直指人心故說斯經」(《卍續》18，頁 293)。此則與禪宗的「直指人心」有關。上述的四項發明，雖然是由不同的角度來發揮佛陀宣說本經的因緣，實則這四項發明，都可說是由「捨識從根」而來。雖然真鑑並未對此明說，不過，今日在探究其主張時，理應將其這些發明的深層精義加以抉發出來。對此，下文將會一一進行探究。此外，關於其所提出的「捨識從根」一說，歷來認同與反對者皆有。下文也將針對諸多反對的意見進行檢討，以增進對於真鑑此說的認識。

第一節　「捨識從根」即為本經所言之真性定 ──楞嚴大定

真鑑對於「捨識從根」的首要發明，便在於闡述其為本經所揭示出的真性定──楞嚴大定。何以說「捨識從根」即為真性定──楞嚴大定？這就得先了解本經的發起因緣。

壹、本經的發起因緣──多聞示墮，為揭示大定為性定、為真定

關於本經的發起因緣，真鑑指出，「今經以示墮淫室為發起之端」(《卍續》18，頁 322)，亦即指阿難遭到摩登伽女以咒攝入淫室一事。對於這一事件在本經中所蘊含的意義，真鑑有精要的解說。他說：「此經欲明恃多聞而不習定者無力以敵欲魔，何能超越生死？故以多聞之人示墮發起，正勸多聞者策力於大定耳！」(《卍續》18，頁 322) 依照真鑑的觀點，這「以多聞之人示墮」所蘊含的意義，便在於「欲明恃多聞而不習定者無力以敵欲魔」。而解決的方法，則是「正勸多聞者策力於大定」。換言之，真正的重點，實是在於「不習定」而「策力於大定」，更聚焦地來說，則是在於「大定」。因此，真鑑在「正宗分」的科文中如此說道：

> 正宗者，序為始而流通為終，此處於兩楹中間，問答發揮經中正所尊尚之全意矣！又分二：一、經中具示妙定始終。此與後科雖俱為正宗，而仍分正、助：此科為正，後科為助也。正科中，惟答當機

之問定。故全經一定之始終，更無別意也。(《卍續》18，頁 325)

所謂「正宗」，就經文位置而言，是處於序分與流通分之間，這是自道安「三分科經」以來相沿成習的解經模式〔註6〕。而其所呈現的內容，則是「問答發揮經中正所尊尚之全意」。換言之，全經的重點，便在於「正宗」之中。關於本經的「正宗」，真鑑區分為兩大部分。雖然兩大部分都是「正宗」，不過，真鑑特別指出，這兩大部分「仍分正、助」，其中的第一部分為「正」。由此可知，全經重點中的核心，便在於這第一部分。這第一部分，真鑑科為「一、經中具示妙定始終」，並特別解釋其內容為「惟答當機之問定」。可見「全經一定之始終，更無別意」，重點完全在於揭示「大定」。

然而，以阿難跟隨佛陀多年而言，豈會不曾修定？乃至在定功上毫無成就？就以本經中所明言者來看，即已可知阿難當時已得須陀洹果〔註7〕。如「佛告阿難：汝今已得須陀洹果」(《大正》19，頁 123)，以及「汝須陀洹」(《大正》19，頁 123) 等語。對此初果「須陀洹」，真鑑的解釋是：

> 須陀洹，小乘初果也。此云預流，謂小乘從賢入聖，至一果，方預聖流也。《金剛經》佛自釋云：「須陀洹名為入流，而實無所入，以不入色、聲、香、味、觸、法，名須陀洹。」……不入六塵，即逆生死欲流也。(《卍續》18，頁 562)

真鑑引用佛陀親自在《金剛經》中的解說，指出初果須陀洹所證的內容，是「不入色、聲、香、味、觸、法」，亦即「不入六塵」之「逆生死欲流」。而在他看來，這正相當於本經耳根圓通中「動靜二相了然不生」(《大正》19，頁 128) 的程度。他說：「若得動靜不生，發須陀洹見道之慧。」(《卍續》18，頁 699) 而在對於「動靜二相了然不生」的詮釋中，則說：

> 亡塵極，明功夫位當圓之初信，於二乘則齊初果。問：何以知然？答：《金剛經》云：「名為入流，而實無所入。」又云：「以不入色、聲、香、味、觸、法，名須陀洹。」此亡聲塵時，六塵俱亡，故知然也。(《卍續》18，頁 637)

這「入流」的境界，實已屬於定境。即便真鑑特別區分了「入流」的意涵有大小乘之別，指出「入流二字，大小迥殊。小乘入流，但是攝心入深三昧。

〔註6〕見湯用彤《漢魏兩晉南北朝佛教史》(臺北：駱駝出版社，1987 年)，頁 550～552。

〔註7〕除本經外，其他經論也多作是說。詳見陳由斌《〈楞嚴經〉疑偽之研究》(臺北：華梵大學東方人文思想研究所碩士論文，1998 年)，頁 171～173。

彼謂法性，實是三無爲境而已，此經猶爲法塵分別影事」（《卍續》18，頁 637），卻也無礙於其已是「入深三昧」。

既然阿難已有定功，何以本經又要揭示「大定」？眞鑑認爲，關鍵便在於即便阿難已有定功，乃至諸經各有言定，不過，定的本質卻大有不同。本經的深義，正是要藉此揭示出在定上，有所謂性定與修定之別。而這性定與修定之別，也正是眞定與僞定之別。其差別，便在於性定是依不生滅之根性爲本修因，而修定則是依生滅之識心爲本修因。依不生滅爲因而修，則得不生滅之眞定；依生滅爲因而修，則得生滅之僞定。

貳、依識心而修者爲生滅之僞定

本經開頭，當阿難爲文殊師利提獎歸來時，佛陀問阿難當初是因爲見何勝相而發心出家時，阿難答以見如來三十二相之殊勝，便「常自思惟：此相非是欲愛所生。……是以渴仰，從佛剃落」（《大正》19，頁 106）。可見阿難自出家發心以來，所用的皆是「思惟」的分別識心。後文阿難也自承「心愛佛故，令我出家。我心何獨供養如來？乃至遍歷恒沙國土承事諸佛及善知識，發大勇猛，行諸一切難行法事，皆用此心；縱令謗法、永退善根，亦因此心」（《大正》19，頁 108）。這也可證知阿難自出家以來種種修行，皆是使用識心。

對於阿難之以「思惟」爲心，佛陀的處理，是採取直指問題根源的方式，一則明白指出「一切眾生從無始來生死相續，皆由不知常住眞心性淨明體，用諸妄想。此想不眞，故有輪轉」（《大正》19，頁 106）。關鍵便在於不知眞心，而是「用諸妄想」。再則指出：「諸修行人不能得成無上菩提，乃至別成聲聞、緣覺及成外道、諸天、魔王及魔眷屬，皆由不知二種根本錯亂修習」（《大正》19，頁 108）。所謂「二種根本」，一種是「用攀緣心爲自性者」（《大正》19，頁 108），另一種是「識精元明，能生諸緣，緣所遺者」（《大正》19，頁 108）。由於不知二者之別，誤以識心爲自性，則一切的修行皆屬「錯亂修習」。三則指出「世間一切諸修學人，現前雖成九次第定，不得漏盡成阿羅漢，皆由執此生死妄想誤爲眞實」（《大正》19，頁 109）。至此可知，雖然本經的當機眾是阿難，實則不只是針對阿難的問題來解決。阿難只是作爲一個表徵，代表用識心而修之行者。由上述經文所說的「一切眾生」、「諸修行人」、「聲聞、緣覺及成外道、諸天、魔王及魔眷屬」與「世間一切諸修學人」等諸語，

即可知實際針對的對象，是含括一切用識心修行者。因此，阿難這一角色在
本經中所揭示的深意，其實應該並不只是前文眞鑑所說的「恃多聞而不習定」
而已，實則是彰顯依識心而修之誤。這依識心而修之誤，並非只是就「不習
定」者而言，就經文來看，其實，不論是淺定還是深定，皆屬「錯亂修習」。
經文明言「縱滅一切見聞覺知，內守幽閑，猶爲法塵分別影事」（《大正》19，
頁 109）。對此，眞鑑有所發揮。他說：

> 此境即凡、外、權、小在定所守之境，亦彼取證以爲法性者也。……
> 分別，即守此境之心也。……蓋凡、外、權、小執此幽閑，以爲法
> 性深處，而不知尚是妄識所緣法塵。又執守境之心已離外塵而非分
> 別，而不知未離法塵猶是分別也。……守境之心所以爲分別之由者，
> 亦二：一者，境既法塵，體非本有，全托分別而後分明。一不分別，
> 境即沉沒，故恒分別。譬如無波之流，望如恬靜，而實不住也。二
> 者，凡、外、權、小皆依六識思惟爲觀，六識印持爲止。離六識無
> 別定慧之體，故根本元是分別，豈能擺脫乎？夫境是法塵，心是分
> 別。境固不能離心，心猶不能離境。自謂清淨，實全垢污；自謂寂
> 定，實全流注矣！大凡上禪深教不明而好靜定者，未有能出此境者
> 矣！……抑又因是而知一切權乘有出入之定，皆是微細分別。蓋全
> 以憑仗細分別心持彼寂境，一不分別，寂境即失，名曰出定。楞嚴
> 大定豈如是乎？（《卍續》18，頁 350～351）

依眞鑑的解說，經文「內守幽閑」，指的是「凡、外、權、小在定所守之境」。
換言之，凡夫、外道、權教菩薩與小乘行者所修之定，皆在此批評範圍內。
彼等以爲已證得法性，卻不知仍只是「妄識所緣法塵」而已。而根源則是在
於彼等誤執守境之心爲非分別，實則仍是分別識心。眞鑑特別發明其爲分別
識心的原因，一來是因爲此境「全托分別而後分明」，故知此心實是如「無波
之流」之「恒分別」。再者，彼等所修止觀，皆是以六識爲體，而六識的特性
便是分別，因此會說「根本元是分別」。如此一來，彼等所修成之定，看似爲
定，實則並非眞定。此外，眞鑑還針對有出入之定加以批判，指出這些定皆
是「權乘」所修之定，其本質皆是「微細分別」。所謂入定，只是「憑仗細分
別心持彼寂境」，而出定則是「一不分別，寂境即失，名曰出定」。如此之定，
豈非皆是有生有滅的僞定？而本經所要宣說的楞嚴大定，又豈會是這種有出
有入、有生有滅的僞定？除了批判修到滅除一切見聞覺知，內守幽閑這種深

定是僞定外，經文還結以連成就「九次第定」〔註8〕，也仍舊是屬於執此虛妄分別的識心所作出的「錯亂修習」。既然皆是以生滅的識心而修，則所修成之定果，又如何能夠不生滅？

關於這依識心而修者爲生滅之僞定一事，眞鑑在《正脈疏懸示》中，有一段專門的發明。他認爲，本經的用意之一，便是要「教諸權乘捨不眞實定」（《卍續》18，頁289）。他說：

> 夫外道、凡夫、小乘及權教菩薩皆各有定，而止於凡、外、權、小悉無究竟者，緣其所依定體皆非眞實心也，即斯經首所破者。如佛云：「縱滅一切見聞覺知，內守幽閒，猶爲法塵分別影事。」斯則一切初心樂修禪而未決擇者，無有出此境界者也。故諸凡夫、天雖奮精研，所修八定寧能越此？又云：「分別都無，非色非空，拘舍離等昧爲冥諦。」則知一切外道所修邪定同用此心。又云：「世間一切諸修學人，現前雖成九次第定，不得漏盡成阿羅漢，皆由執此生死妄想誤爲眞實。」由是而知諸小乘人亦同此心，安有別定？但加深至爾！要之，通上凡、外、小乘，皆但知此六識爲心，離此別無。故約下界，但知此心惡則三塗、善則人天；約上二界，但知此心散則下淪、定則上升；諸小乘人，亦但知此心伏爲界內、斷爲界外。……如阿難云：「若此發明不是心者，我乃無心，同諸土木，兼此大眾無不疑惑。」大眾，應即凡、外、權、小。相宗果中雖八識齊轉，而因中修定全取第六，是由所依之心既皆生滅而非眞實，故其所修之定有入、住、出。入之則有，出之即無；境靜則順，境動則違。在

〔註8〕關於經文在此對於「九次第定」的批判，古來諸家的解說各有出入。本論文既是研究眞鑑之作，自是當引眞鑑之說：

> 九次第定，謂四禪、四空加滅受想。小乘法中，前八，凡位所成；第九，無漏聖位所成。今云不得漏盡成羅漢者，當知彼所謂無漏聖位，皆一時權許誘進而已。《法華》破云：「汝當觀察籌量所得涅槃，非眞實也」。既非眞涅槃，豈名眞漏盡乎？故長水謂十地爲漏盡羅漢，無可疑也。極理而言，權教之佛亦非，以尚在圓之二行而已。（《卍續》18，頁352）

眞鑑在此是引用《法華經》來解釋，指出滅受想定雖說是「無漏聖位所成」，其實，仍只是「一時權許誘進」而已，並非眞正漏盡，乃至權教之佛亦然。其實，不論諸家之説有何出入，經文的用意，實是在於最後所説的「皆由執此生死妄想誤爲眞實」，亦即但凡執此生滅識心而修之定，不論其淺深，終究皆爲僞定。

定縱經多劫，必以靜而礙動；出定略涉須更（筆者案：當爲「臾」），
必以動而礙靜。凡、外定銷，必成墮落；小雖不墮，了無進益；權
雖略進，亦不遠到。推其病本，皆由最初但順所迷生滅之心強制令
定，而曾不悟本有不動之心故也。是故斯經阿難首請如來大定，而
佛即先以徵破識心。以不捨此生滅迷心，終不能修如來眞實大定。
然於徵破之初，即許之曰「有三摩提，名大佛頂首楞嚴王」等，此
即眞實大定之名。……可見欲修此眞實大定，須先捨此生滅不實之
心，而別取眞實心也。（《卍續》18，頁 289～290）

眞鑑之說，並非否定凡、外、權、小不能修成定，他是承認彼等「皆各有定」。
不論是「初心樂修禪」者所修成之「滅一切見聞覺知，內守幽間」，「諸凡夫、
天」所修成之「八定」，「一切外道」所修成之「分別都無，非色非空」的「邪
定」，乃至「諸小乘人」所修成之「九次第定」，甚至是大乘相宗所修成之有
「入、住、出」之定，皆不能否認彼等所修也是屬於一種定。不過，眞鑑認
爲本經所要彰顯的深義，便在於雖同是修定，卻有究竟與不究竟之別。凡、
外、權、小所修成之定，皆有生滅，或輪迴於三塗人天，或上下於欲、色二
界，或伏斷於界內界外，或出入於動靜之間。如此一來，「凡、外定銷，必成
墮落；小雖不墮，了無進益；權雖略進，亦不遠到」。這些定不論其或淺或深，
實皆屬於生滅之僞定，而非究竟不生滅之眞定。其所以造成所修之定爲僞定
的後果，並非彼等明知故犯，而實是因爲「皆但知此六識爲心，離此別無」，
所以便「但順所迷生滅之心強制令定」。既然「所依定體皆非眞實心」，則所
修之定也自然皆非眞實之定。

因此，要修習眞性定之楞嚴大定，首要之務，便必須「捨識」，捨棄以生
滅的識心來修習僞定。這是眞鑑認爲雖然阿難在經文開頭「首請如來大定」，
佛陀卻不逕予指出，而是「先以徵破識心」，用意便是要彼等「須先捨此生滅
不實之心」。眞鑑在《正脉疏懸示》最後所總結的本經四項要義，其中的首要
之義，便是這「決定不用識心」（《卍續》18，頁 302）。他說：

以其（筆者案：即「識心」）與大定爲生冤家。眾生於斯少有執吝，
則於眞心大定終不可見，何況能成？以此識詐現心相而實非心，詐
現定相而實無定，辛以障盡眞心本定，令凡、外、權、小如生盲也。
（《卍續》18，頁 302）

必須捨棄這「詐現心相而實非心，詐現定相而實無定」，「障盡眞心本定，令

凡、外、權、小如生盲」的生滅識心，才能進一步「別取眞實心」，來修習「大佛頂首楞嚴王」之「眞實大定」。

參、依根性而修者爲不生滅之眞定

既然凡、外、權、小所修皆是僞定，則本經所要宣說的眞定，究竟爲何？這眞定，即是楞嚴大定。眞鑑指出：「一經所說，全爲此定。」(《卍續》18，頁 332)

如何而知這楞嚴大定確實是究竟眞定呢？其與僞定又有何區別呢？眞鑑對此有所解說。他的解釋與發明是：

> 首楞嚴者，大定之總名也。……當知，此定迥不同於常途止觀。蓋常途止觀全屬功夫，……不取自性即爲定體。故其爲定，初心與境爲二，必至純熟方得一如。是則止觀全屬功夫，不即自性。的實論之，但是引起定耳！非自性定也。此則不爾。《涅槃經》佛自釋「首楞嚴」，云「一切事究竟堅固」，而古德即明其徹法底源不動、不壞。細詳其旨，是皆分明取自心本具圓定爲首楞嚴，何嘗取起心對境止觀爲定哉！……今經奢摩他，即全取自性本具不動、不滅、不失、不還，四科（五陰、六入、十二處、十八界）常住，七大（地、水、火、風、空、見、識）徧周，以至十惑（無明與三細、六麤）、三續（世界、眾生、業果）之妄本常虛假，四義（一爲無量、無量爲一、小中現大、大中現小）、三藏（一空、二不空、三空不空）之眞本自現成。如是等義，全與一切事究竟堅固、徹法底源不動不壞若合符節，是皆全取自心本具圓定爲奢摩他。……今有三義了揀此定。一曰：此是妙定。正以性本自具，天然不動，不假修成。縱在迷位、動中，其體本然，故稱爲妙。不然，何以謂徹法底源不動、不壞之定哉？據此，則凡不即性，而別取功夫爲止觀者，皆不妙之定也。二曰：此是圓定。正以此定不但獨取自心不動，乃統萬法萬事皆悉本來不動爲一定體。(《經》云：「菩薩自住三摩地中，見與見緣并所想相，如虛空華本無所有。此見及緣，元是菩提妙淨明體。」蓋取心海本湛，萬有停凝，齊成一定。) 不然，何以爲一切事不動、不壞之定耶？據此，則凡不兼萬有，而獨制一心不動者，皆不圓之定也。三曰：此是大定。正以此定縱在迷位，尚本不曾動搖，開解之

後，豈有出、退？當知此定自發解起行之後，直至歷位成佛，終無
退、出，何況有壞？不然，何以為究竟堅固之定耶？據此，則凡有
入、住、出，縱經長時，皆不為大定也。詳此，自知常途止觀了不
相類矣！（《卍續》18，頁 313～314）

眞鑑的詮釋方式，是以一般止觀所修之定與楞嚴大定來作對比。他指出，一
般止觀所修成之定，「全屬功夫」，只能算是「引起定」而已，這是因為止觀
修定是「不取自性即為定體」。既是如此，則「非自性定」。然而，楞嚴大定
的不同，卻是在其是屬於「自性定」。所謂「首楞嚴」，是「大定之總名」。而
此名的意義，眞鑑指出，依據佛陀自己在《涅槃經》中的解釋，是「一切事
究竟堅固」。這「一切事究竟堅固」，眞鑑認為，正是前人所闡述的「徹法底
源不動、不壞」，亦即無有生滅與否的問題。之所以能夠「一切事究竟堅固」，
便在於「取自心本具圓定為首楞嚴」，而迥異於「取起心對境止觀為定」，亦
即是以不生滅的眞心自性本具者為定，而非以生滅的起心所修者為定。眞鑑
特別就本經所探討的相關課題，來加以印證其說。如「十番顯見」中所取的
即是「自性本具不動、不滅、不失、不還」，而四科之常住，七大之徧周，以
至十惑、三續之本妄，四義、三藏之本眞現成，這些課題所彰顯的深義，「全
與一切事究竟堅固、徹法底源不動不壞若合符節」，可知本經所開示的楞嚴大
定，「是全取自心本具圓定」。

此外，眞鑑還以三義來總結楞嚴大定與尋常僞定之別。首先是「妙定」。
這是就楞嚴大定「性本自具，天然不動，不假修成」的特性而言，以此與尋
常僞定之「凡不即性，而別取功夫為止觀」相對比，以彰顯楞嚴大定之妙。
這是屬於本質上的區別。其次是「圓定」。這是就本定所涵蓋的範圍而言，不
只「取自心不動」為定體，實則「統萬法萬事皆悉本來不動為一定體」。換言
之，無有出於此定之外，這正是佛陀解釋「首楞嚴」的意義時，要說「一切
事」，指出本定是「一切事不動、不壞之定」的緣故。而與此對比之下，「凡
不兼萬有，而獨制一心不動」，即便是定，也終非如楞嚴大定之圓而無外。這
可說是就空間上而言。第三義則是「大定」。這是就本定從迷至悟無有出定、
退定等變化而言，「自發解起行之後，直至歷位成佛，終無退、出，何況有壞」，
這便是「首楞嚴」為「究竟堅固之定」的眞義。相形之下，「凡有入、住、出，
縱經長時」，也終不如楞嚴為眞定，關鍵便在於尋常僞定有「入、住、出」之
生滅變化。這可說是就時間上而言。透過由本質、空間與時間三種不同的角

度來比較，眞鑑十分清晰地彰顯出楞嚴大定之爲眞定，以及其與尋常僞定的不同之處。茲以表格方式整理如下：

楞嚴大定	常途止觀之僞定
妙定：以性本自具，天然不動，不假修成。縱在迷位、動中，其體本然，故稱爲妙。爲徹法底源不動不壞之定。	不妙之定：凡不即性，而別取功夫爲止觀者。
圓定：不但獨取自心不動，乃統萬法萬事皆悉本來不動，爲一定體。爲一切事不動、不壞之定。	不圓之定：凡不兼萬有，而獨制一心不動者。
大定：此定縱在迷位，尚本不曾動搖，開解之後，豈有出、退？當知此定自發解起行之後，直至歷位成佛，終無退、出，何況有壞？爲究竟堅固之定。	不爲大定：凡有入、住、出者。

雖然眞鑑是透過本質、空間與時間三種不同的角度，來發明楞嚴大定之別於諸僞定而爲眞定，不過，最根本的關鍵，實是在於三義中之首義所揭示的，亦即本質上的差別。楞嚴大定之所以爲眞定，便在於其是以自性爲定體：「斯定之所以大異於諸定者，由說自性本定也。」（《卍續》18，頁 304）。眞鑑在前文曾指出，凡、外、權、小所修之所以爲僞定，「推其病本，皆由最初但順所迷生滅之心強制令定，而曾不悟本有不動之心故也」。然而，這凡、外、權、小所不悟的「本有不動之心」，這「大異於諸定」所說的「自性本定」，既然不能依識心而修，則該依何而修？眞鑑獨家的發明是：依根性而修，依不生滅的根性而修。

在前一章中，即已闡述了眞鑑根性通於藏性的獨家發明。依眞鑑之說，根性通於藏性，此即爲眞不生滅之自性。而楞嚴大定既爲「自性本定」，不就正是應該由此根性才能修成嗎？因此，他特別強調說：

> 若要決定成菩提，決定證涅槃，惟須直取根性爲因地心，而後可圓成果地也。……今酬妙定之請，而首先指於此（筆者案：指「根性」）者，正以此性之體不假制伏而本來不動，不勞續念而本無生滅，不煩擴充而本來周徧，皆與識心大相違反。是即眞奢摩他自性本定也。……蓋此根中之性……其體全是眞心。（《卍續》18，頁 355）

必得由這「其體全是眞心」，「不假制伏而本來不動，不勞續念而本無生滅，不煩擴充而本來周徧」的「根中之性」入手而修，楞嚴大定才可希冀。因此，

在眞鑑看來，經文所開示的根性，並不只是「十番顯見」時所暫時揭示的重點而已，實是貫穿全經的唯一要義。他說：

> 此顯示根性，非但只爲經初要義，而全經始終皆以此爲要義。故開示時，從眼根而開；修入時，從耳根而入。諸佛異口同說：生死輪轉、解脫涅槃，同是六根，更非他物。（《卍續》18，頁 279）
>
> 斯經始終要用所以迥異於諸經者，由此根性以爲之本矣！（《卍續》18，頁 346）
>
> 此經所以異於權、小者，惟在用根而不用識。故前顯眞，始於根性；今談修證，惟選本根證入圓通也。（《卍續》18，頁 544）

不論是「開示」、「顯眞」，或是「修入」、「修證」，皆是由此作爲「全經始終皆以此爲要義」，「斯經始終要用所以迥異於諸經者」，「此經所以異於權、小者」的「根性」下手。

前文曾指出，眞鑑在《正脉疏懸示》中，曾專就本經之「示眞實定」一事深入發明，當時即已明白宣說「欲修此眞實大定，須先捨此生滅不實之心，而別取眞實心」。這「別取眞實心」，指的便是由根性入手而修。眞鑑明白地說：「其別取眞實之心，即下破識之後指與根中見、聞等性。」（《卍續》18，頁 290）此外，他還進一步以此貫串全經前後之悟與修來加以發明。他指出：

> 此性：屈指、飛光，分明顯出本來不動之體，豈假強制而後定哉？觀河無老，分明驗出不滅之常，豈有墮落斷滅之憂哉？八還對辯，分明見得無還之妙，豈有出定喪失之理哉？人能灼見此本具之性，守之，即爲眞實大定，何假多術？故四卷末擊鐘驗聞之後，乃曰「若棄生滅，守於眞常，常光現前，則汝根、塵、識心應念銷落」，乃至「云何不成無上知覺」。五卷，諸佛證明六根之後，偈中即許用根而修者，爲「如幻三摩提，彈指超無學」也。直至耳根圓通，觀音自稱「如幻聞熏金剛三昧」，文殊亦言宣說「金剛王如幻不思議佛母眞三昧」。此對凡、外、權、小依識心所修之定不成實果，而今經所依根性幻修之定能成眞實圓通，以登無上知覺，而必教其捨彼而取此也。（《卍續》18，頁 290）

首先，所謂的「屈指、飛光，分明顯出本來不動之體」，「觀河無老，分明驗出不滅之常」，「八還對辯，分明見得無還之妙」，指的便是「十番顯見」的部分。眞鑑認爲，這部分便彰顯出由根性而修之定，迥異於「強制而後定」，並

無「墮落斷滅之憂」、「出定喪失之理」。但能見此根性而守之，便是「真實大定」。這是針對悟的部分而言，即所謂的「開示時，從眼根而開」。而修的部分，則是指「四卷末擊鐘驗聞之後」，乃至經文第五卷「諸佛證明六根之後，偈中即許用根而修者」，一直到觀音自陳之「耳根圓通」，以及文殊讚言，指出依根性而修之定，實為「如幻聞熏金剛三昧」，「金剛王如幻不思議佛母真三昧」。這即是所謂的「修入時，從耳根而入」。可見全經不論前悟或是後修，皆是由此根性而入，方得成就「真實圓通」、「無上知覺」。

雖然真鑑在詮釋發明本經之「示真實定」時，指出有兩項用意，分別是以上所探討的「一、為教諸權乘捨不真實定而修真實大定」（《卍續》18，頁289），以及另一部分「二、為教彼大心凡夫能解大乘深旨」（《卍續》18，頁290），不過，其特別關注且認為尤為重要的，則是上述所探討的第一部分：「一、為教諸權乘捨不真實定而修真實大定」。他在「示真實定」一說的最後，特別再三強調說：

> 前之一義，勸彼自恃餘乘痴定，不知決擇真實而枉費勤苦者，山林下多有斯人。……舊註多明後義，少申前義，而不知前義不明，則非惟林下人固守偽定，不思改革，而宗教下決擇未審，承激勸而輒用識心之定者，亦有之矣！故知前義為尤要也，宜珍玩之。（《卍續》18，頁290~291）

這說明了本經之宣說真定，便是為了針對「固守偽定」，針對「用識心之定」，針對「自恃餘乘痴定」，這些「不知決擇真實而枉費勤苦」的情況而發。

總結以上所論，可知真定與偽定之別，便在於二者以不同之定體為本修因。偽定是以生滅的識心為本修因，所修成者自是生滅之定；真定是以不生滅的根性（即真心自性）為本修因，所修成者自是不生滅之定。「此經最殊勝處，全在破識心而不用，取根性為因心。良以用識、用根，乃權、實兩教之所由分。用識而修者，塵劫不成菩提；從根而入者，彈指可超無學。」（《卍續》18，頁355）這便是真鑑要不避譏嫌地極力發明、高聲唱言「捨識從根」為真性定、為楞嚴大定的原因所在。「捨識從根」，可以說，便是「捨不真實定而修真實大定」。茲將以上要義以表格顯示之：

真　定	偽　定
大乘實教所修	凡、外、權、小所修
楞嚴大定	常途止觀

以眞心自性爲定體	以虛妄識心爲定體
依無分別、不生滅之眞實根性而修	依分別、生滅之虛妄識心而修
捨識從根	捨根從識

肆、《會解》以根爲色法，另立天台止觀之詮釋簡介

　　相較於眞鑑高唱依不生滅之根性方爲修習楞嚴大定，之前的《會解》，其詮釋的立場便完全不同。《會解》的詮釋立場，是以根爲色法。既是色法，便有生滅。既有生滅，便未主張由根而修，而是另外納入天台止觀爲修習方法，認爲楞嚴大定即是由此天台止觀所修成的。

　　先就《會解》以根爲色法的詮釋來看。在佛問阿難緣三十二相「將何所見，誰爲愛樂」，阿難答言「用我心、目」一段中，《會解》的詮釋是：

> 泐潭曰：此正陳妄體也。目即眼根，心即意識。根、識虛妄，猶如空花。若執有體能見、能樂，豈惟迷於法空？亦起我人見愛。故後文云：「六爲賊媒，自劫家寶。」無始虛習，住地無明，皆由根、識，更非他物；想相爲塵，識情爲垢，生死輪轉，莫不由斯。故下推徵，令知虛妄。（《龍藏》144，頁 269）

依此說可知，在《會解》的詮釋中，有關眼根的部分，是與意識一同解爲虛妄的，並認爲「無始虛習，住地無明」，乃至「生死輪轉」，皆是由此虛妄的根與識所造成的。因此，在修習時，並未主張由根而修。然而，在後面的經文中，除了明白指出「使汝輪轉生死結根，唯汝六根，更無他物」（《大正》19，頁 124），主張輪迴由於六根外，卻也同時指出「令汝速登安樂解脫寂靜妙常，亦汝六根，更非他物」（《大正》19，頁 124）。這豈不是說明了解脫也需由根而修嗎？這部分，《會解》在詮釋時，是如何面對與處理呢？對此，《會解》是由「知見」的角度來詮釋。《會解》說：「生死、妙常同因六根者，知見立知，故輪生死；知見無見，即證妙常。如下所明。」（《龍藏》144，頁 401）所謂的「如下所明」，指的是對於經文「知見立知，即無明本；知見無見，斯即涅槃無漏眞淨」（《大正》19，頁 124）的詮釋：

> 執知見實有，名立知見。此即妄心是生死輪迴之本，故云「即無明本」。達知見無性，名無知見。此即眞心安樂妙常，故云「斯即涅槃無漏眞淨」。……又解「知見立知」，是迷眞知見，立緣塵等妄知見，故即無明。「知見無見」，是達眞知見，無緣塵等妄知見，故即涅

槃。……阿難前云「若不知其所結之元，我信是人終不能解」，又云「今日身心云何是結？從何名解」，故如來答以「知見立知」，即是結也，即是所結之元也；「知見無見」，即名解也。（《龍藏》144，頁402～403）

依《會解》之說，「輪生死」之「知見立知」，其解釋是「執知見實有，名立知見。此即妄心是生死輪迴之本」，是「迷真知見，立緣塵等妄知見」。換言之，「輪生死」之「知見立知」，問題並不是在「知見」上，而是出在「立知」，即「執知見實有」之「執」，這「執」便是「迷」，便是「妄心」，其作用在根上，便是「立緣塵等妄知見」。反之，「證妙常」之「知見無見」，即「達知見無性，名無知見。此即真心安樂妙常」，即「達真知見，無緣塵等妄知見」。換言之，解結也並不在「知見」上，而是在「無見」，即「達知見無性」之「達」，這「達」便是「真心」，其作用在根上，便是「無緣塵等妄知見」。若仔細歸納《會解》之說的精要，則顯然對於「生死結根，唯汝六根」與「寂靜妙常，亦汝六根」的詮釋，並不是關注在六根本身，而是關注在作用於六根中的真心與妄心上。這其實與真鑑所明白提出的性與識之別，可說有相通之處。然而，《會解》在詮釋時，並未有意識地明白提出〔註9〕，且多以色法來看待六根，在對此根性的抉發上，顯然不如真鑑詮釋之深切著明。

既然在詮釋中對於根性的意識並不鮮明，則在詮釋楞嚴大定時，便也未主張由根性而修，反倒是多方徵引天台止觀，認為楞嚴大定即是由天台止觀所修成的。首先，在詮釋經文開頭所說的「十方如來得成菩提、妙奢摩他、三摩、禪那最初方便」（《大正》19，頁106）時，《會解》便說：

補註曰：奢摩他等三名，乃楞嚴大定之名也。孤山嘗用天台三止配之：一曰體真止，止於真諦。二曰方便隨緣止，止於俗諦。三曰息二邊分別止，止於中道第一義諦。以止屬於定故也。今復釋而明之：奢摩他者，寂靜之義也。三摩者，觀照之義也。禪那者，寂照不二之義也。義立三名，體惟一法。舉一具三，言三即一，三一互融，故謂之妙。如是妙脩，方曰楞嚴大定。此乃一經之要旨，趣理之玄門。（《龍藏》144，頁267）

不論是所徵引的智圓之以「天台三止配之」，即「體真止」、「方便隨緣止」與

〔註9〕 這或許便是傳燈在《楞嚴經圓通疏》中，會有「謂其（筆者案：指《會解》）未盡經旨，可也；斥其盡非，故不可也」（《卍續》19，頁426）之說的緣故。

「息二邊分別止」，或是惟則所闡述的「寂靜」、「觀照」與「寂照不二」三義，其實都不脫天台宗所主張的「義立三名，體惟一法。舉一具三，言三即一，三一互融，故謂之妙」。而惟則所認為的楞嚴大定，便是由這種「三一互融」的「妙脩」所成。

而在詮釋後面的經文，即阿難讚佛之偈「妙湛總持不動尊，首楞嚴王世稀有」（《大正》19，頁 119）時，《會解》仍是引天台之說來詮釋：

> 孤山曰：妙湛，讚真諦，般若德也。總持，讚俗諦，解脫德也。不
> 動，讚中諦，法身德也。又即三而一，故曰「妙湛」。即一而三，故
> 曰「總持」。非三非一，故曰「不動」。……首楞嚴，大定之總名，
> 此云事究竟也。冥三德之理，故曰「究竟」。（《龍藏》144，頁 354）

《會解》在此詮釋「楞嚴大定」時，雖然對於「首楞嚴」的解釋也是「事究竟」，似乎與真鑑之說並無區別，不過，在內容上則大有不同。《會解》所謂的「究竟」，指的是「冥三德之理」。這「三德之理」，便是其所徵引的智圓之說，以天台三諦──真諦、俗諦與中諦所詮釋的般若德、解脫德與法身德之三德。而這三德的關係，又是以天台之「三一互融」──「即三而一」、「即一而三」與「非三非一」來詮釋。又如在詮釋經文「以湛旋其虛妄滅生」（《大正》19，頁 122）時，也是引用天台止觀之說：「吳興曰：以圓湛之性旋虛妄之心，斯蓋修三止觀，照三諦境，伏斷生滅，證無生滅也。」（《龍藏》144，頁 387）這分明是將本經所主張之以湛旋妄的修法，解釋為天台宗的「修三止觀，照三諦境」的修法。

由上述諸例來看，可知《會解》所詮釋的楞嚴大定，指的是以天台止觀之「三一互融」所「妙脩」之定。且不論天台止觀與楞嚴大定是否絕對有關或無關，只就《會解》雖說「體惟一法」，卻以「體真止」、「方便隨緣止」與「息二邊分別止」這「天台三止配之」，或是以「寂靜」、「觀照」與「寂照不二」三義配之，或是以天台三諦──真諦、俗諦與中諦所詮釋的般若德、解脫德與法身德之三德配之而言，相較之下，便不得不令人稱歎真鑑之直言「性定」為楞嚴大定的詮釋，確實是更為單刀直入而一語中的。

第二節　「捨識從根」即為《法華經》所言之實教

真鑑對於「捨識從根」說的發明，除了就本經而言之外，值得注意的，是他還特別將此主張詮釋的範圍，擴大到另一部經典──《法華經》。真鑑

對於兩部經典之間的關係，多有說明。如他在《正脉疏懸示》中說：「《法華》與斯經，雖皆攝末歸本之真詮，而《法華》但以開其端，而斯經方以竟其說矣！我故嘗敘斯經爲《法華》堂奧。」（《卍續》18，頁 289）這意味著真鑑認爲，《法華經》與《楞嚴經》所詮釋的義理，不只在方向上相同，而且，《楞嚴經》所闡述的，正是《法華經》只「開其端」卻尚未「竟其說」的部分〔註 10〕。換言之，兩部經典在義理的詮釋上，是可以相互開放且相互補充的。真鑑的這項觀點，在《正脉疏》中，說的更加明白。他在對於經題進行詮釋時，即說：

> 《法華》爲佛全身，此經爲如來頂，顯斯經爲《法華》中精要之義（如知見、實相、佛慧等），而更徹頓圓極旨（如歇即菩提、毛端現刹等）。蓋終實渾具佛身，頓圓義極尊妙，同佛頂相，令其見題者知其非權漸之教。（《卍續》18，頁 311）

這不只說明了本經爲《法華經》中「精要之義」，還就其「精要之義」的內容略舉數隅，如《法華經》中但言及卻尚未深入發明的佛知見、實相與佛慧等重要課題即是。此外，本經所揭示的「歇即菩提、毛端現刹」等，更是圓頓教的終極意旨。因此，他認爲光就經題來看，便可知道這作爲「《法華》中精要之義」的本經，「非權漸之教」，而是實教。又如他在詮釋經文「是名妙蓮華，金剛王寶覺」（《大正》19，頁 124）時，說：

> 妙蓮華者，即妙法蓮華。……妙法，即指根中藏性眾生現具，如蓮之方華即果也。又根性即佛知見，即實相體，故知此經爲《法華》堂奧也。……此根性法門，亦即《法華》、《金剛》二經之體，是故名稱兼備二經之尊勝，爲諸經王。（《卍續》18，頁 587）

〔註10〕 真鑑的這項發明，牽涉到其背後的一項重要預設，即關於《楞嚴經》與《法華經》二經說時前後的問題。他在《正脉疏懸示》的「十門分別」中，首先探討的，便是這「確定說時」（《卍續》18，頁 280）的課題，詳見《卍續》18，頁 280～282。依真鑑之說，其立場是以《法華經》爲先出，《楞嚴經》則爲後出，因此，才會有在此的《法華》開端而《楞嚴》竟說的說法。雖然真鑑對於二經義理的發明，是建立在《法華》先而《楞嚴》後的預設上，而這關於二經先後的課題，自來又即爲一大爭議，不過，一來未免治絲益棼，模糊焦點，再者，本處要探討的真鑑的發明，正是必須建立在這《法華》先而《楞嚴》後的預設上，因此，關於牽連範圍過大，同時與本處要探討的課題距離較遠的《法華》、《楞嚴》二經說時先後的爭議，在此暫且擱置，俟諸異日再作專題探討。

眞鑑在此，以根性來詮釋《法華經》所言的「妙法」，並認爲《楞嚴經》所揭示的根性，即是《法華經》中所提到的佛知見，同時也是實相之體。最後更是直接說「根性法門」爲《法華經》之體。由以上所言，可以看出，眞鑑認爲《楞嚴經》與《法華經》二者，在義理上是互釋互補的關係。

　　既然《楞嚴經》是竟《法華經》之說，是「《法華》堂奧」，是「《法華》中精要之義」，則就眞鑑而言，必有許多義理上足以相資發明之處。不過，由於在此主要關注的課題，是關於「捨識從根」的部分，因此，以下兩節，將專就眞鑑對於「捨識從根」之說與《法華經》在義理上相互發明之處來進行探討，分別是有關實教與佛知見的課題。

壹、《法華經》所言之權實二教簡介

　　本節要探討的，是眞鑑所提出的「捨識從根」即爲《法華經》所言之實教的主張。要探討眞鑑的這項發明，則需先認識何爲《法華經》所言的實教。關於《法華經》所言的實教，方東美曾有一段扼要的說明。他說：

> 《法華經》的重要性在於：它指點佛教最後的歸宿就是成佛，以成佛爲目的。人在脫離凡夫地之後，要從小菩薩做起、中菩薩做起、大菩薩做起，這些都是過渡，都是階段。而這些階段裡面都是方便說法的教義，稱作「權教」，都是要把人轉運到最後的精神歸宿——佛刹土裡面。《法華經》指點出精神的最高領域，與達到那個最高領域中間各種可能的精神步驟。其中一方面有「實教」的部分，代表最高的眞理；第二方面是「權教」，就是方便說法，引渡世界上的一切人，使他們生命朝著一個精神方向，向著最高的精神領域超昇〔註11〕。

由方氏之說可知，「實教」是與「權教」相對而言，而二者的區別，則是以所歸趨的目的地而分。「權教」，指的是未能直接到達成佛目的地的「方便說法的教義」。就成佛的終極目的地而言，這些「方便說法的教義」，只能算是「過渡」。而「實教」，則是能夠眞正到達成佛目的地的眞實教義。這權教與實教的區別，其實便是針對教義所指引的歸趨所作出的區別。由方氏所說來看，顯然《法華經》的重要性，不在於宣說某種教義，而是在處理不同教義與終極目的之間的關係。關於這一點，牟宗三的解說，更是明白而扼要。他說：

〔註11〕見方東美《中國大乘佛學》（臺北：黎明文化事業股份有限公司，1991 年 8 月四版），頁 223。

> 《法華經》是空無第一序之內容的，它無特殊的教義與法數。……它所說的不是第一序上的問題，乃是第二序上的問題。它的問題是佛意，佛之本懷；是權實問題，迹本問題，不是特殊的教義問題〔註12〕。

又說：

> 《法華》「唯論如來設教之大綱」，此大綱是第二序上的，唯論權實問題，以及如何處理權實問題（即開權顯實，開迹顯本）。「不委微細綱目」，意即它不詳說那些「微細綱目」，即第一序上的那些特殊教義。……它本是批判疏導之大綱，本無特定之材質內容；特定之材質內容皆在他經〔註13〕。

由牟氏所言可知，《法華經》中所談論的，「是權實問題，迹本問題，不是特殊的教義問題」。換言之，其談論的是「設教之大綱」，亦即將佛陀所曾宣說的教義，進行權與實的區別〔註14〕。而所謂的權與實，牟氏指出，「權對實言。……權者暫時義，方便義，曲巧對機義，非究竟義，非了達義，粗不妙義。實者圓義，妙義，無那權中諸義」〔註15〕。之所以需要進行這權教與實教的區別工作，是因為「諸佛隨宜說法，意趣難解」（《大正》9，頁7），於是佛陀便在《法華經》中，特別就此「隨宜」而說的不同教法，明白指出「諸佛方便力故，於一佛乘分別說三」（《大正》9，頁13），說明了三乘教法只是暫時性的方便教法〔註16〕，而雖然「分別說三」，最後的歸趨卻只有「一佛乘」

〔註12〕牟宗三《佛性與般若》（臺北：臺灣學生書局，1997年5月修定版），頁576。

〔註13〕牟宗三《佛性與般若》，頁586～587。

〔註14〕日人石津照璽在〈《法華經》の宗教哲學的立場——教判の組織的意圖に沿っての解釋——〉一文中，即曾指出《法華經》的這項作法，本身即具有進行教相判釋的意味。該文收錄於〔日〕坂本幸男編《法華經の思想と文化》（京都：平樂寺書店，1965年），頁409～425。

〔註15〕牟宗三《佛性與般若》，頁590。

〔註16〕所謂的三乘教法，在《法華經》的〈譬喻品〉中，有明確的說明如下：

> 若有眾生內有智性，從佛世尊聞法信受、慇懃精進，欲速出三界、自求涅槃，是名聲聞乘。……若有眾生，從佛世尊聞法信受、慇懃精進、求自然慧，樂獨善寂，深知諸法因緣，是名辟支佛乘。……若有眾生，從佛世尊聞法信受、勤修精進，求一切智、佛智、自然智、無師智、如來知見、力、無所畏，慜念、安樂無量眾生，利益天人，度脫一切，是名大乘。（《大正》9，頁13）

由此可知，三乘教法指的是聲聞乘、辟支佛乘與大乘。依《法華經》之說，三乘皆是一時的方便教法而已，並非究竟真實之教。當然，古來對此即有異說，即所謂的「三車家」與「四車家」之爭。由於並非本論文的探討重點，

〔註17〕。這便是《法華經》中所宣揚的三乘會歸一乘的思想〔註18〕。

然而，雖然《法華經》中曾論及權實問題，以及「如何處理權實問題」，卻並未專門針對權教與實教的「微細網目」，亦即其「特殊的教義與法數」詳加說明。既然未明白解說何謂權教與實教的內容，而只是就其與終極目的之間的關係來區別，則對於其內涵的解讀，便言人人殊，給予了不同詮釋者加以發明的空間。因此真鑑會說「《法華》但以開其端」，而以其對於《楞嚴經》的詮釋，來一竟《法華》之說。真鑑正是由此切入，結合《法華經》的權實之別，來大加發明其對於《楞嚴經》用根與用識二者迥異的獨到見解。

貳、以《楞嚴經》的根、識之別來詮釋《法華經》的實、權二教

前文指出，由於《法華經》中並未針對權教與實教的「微細網目」詳加說明，因而給予了詮釋者發明的空間。真鑑正是由此切入，以其對於《楞嚴經》用根與用識之別的看法，來作為《法華經》權實之別的內涵。關於這項詮釋，真鑑在《正脈疏懸示》中有專門的發明，稱為「畢竟廢立」（《卍續》18，頁283）。

在「畢竟廢立」中，真鑑詮釋的開展，可以概分為兩部分。首先，是對於《法華經》所宣說之權實進行界說。其次，則是以其所發明的《楞嚴經》「捨識從根」之說，與《法華經》「廢權立實」之說相結合，來證明其主張。以下的探討，將分別由這兩部分入手。

在此不論。可參見日人平川彰〈大乘佛教的《法華經》位置〉一文。收錄於〔日〕平川彰等著，林保堯譯《法華思想》（高雄：佛光文化事業有限公司，1998年），頁17～20。
〔註17〕在《法華經》中，佛陀反覆強調這唯一佛乘的說法。如「如來但以一佛乘故，為眾生說法。無有餘乘，若二、若三。」（《大正》9，頁7）「皆為得一佛乘」。（《大正》9，頁7）「無有餘乘，唯一佛乘。」（《大正》9，頁7）「十方佛土中，唯有一乘法，無二亦無三。除佛方便說。」（《大正》9，頁8）「雖說百千億，無數諸法門，其實為一乘。」（《大正》9，頁9）有關「一佛乘」的研究，可參見日人勝呂信靜《法華經》の二大教義——一乘と久遠本佛〉一文。收錄於〔日〕勝呂信靜編《法華經の思想と展開》（京都：平樂寺書店，2001年），頁4～14。另外，日人野村耀昌在〈一佛乘的思想〉一文中，則考察了古來與近代對於「一佛乘」詮釋的諸多異說。該文收錄於〔日〕平川彰等著，林保堯譯《法華思想》，頁190～225。
〔註18〕日人坂本幸男在〈中國佛教と法華思想の連關〉一文中，詳加考察了《法華經》的開會思想、一乘三乘觀，以及各宗各家對於三一關係的多種發揮，並探究了法雲、慧遠、吉藏與智顗四家對於權實關係的不同闡述。該文收錄於〔日〕坂本幸男編《法華經の思想と文化》，頁517～548。

關於眞鑑對於《法華經》所宣說之權實進行界說的部分，其側重在「廢權立實」，以及但有名相而未有內涵的方面。眞鑑說：

> 以《法華》雖曰廢權，亦但廢其三乘之名及所許之果相，明其無三、無果而已。立實者，亦但明其惟有一乘，而普許修佛成佛，無復分半之拘限。其曰「汝等皆是菩薩」，亦惟授以大乘名字而已。是則三乘之心行未改，則非畢竟廢權；一乘之心要未授，則非畢竟立實也。正由四十年來已定之說一旦更張，人心慌越，疑網重重，且與破裂，稍得信領，便且極力苦勸流通，以定其志，故彼經不暇細除心行及別授心要也。（《卍續》18，頁 283）

就此所說來看，眞鑑認爲，《法華經》對於權教所採取的立場，是「廢權」的立場，而對於「廢權」的作爲，則僅是「廢其三乘之名及所許之果相」而已，並未進一步對於所廢之權教的內涵詳加闡述。而在對於實教所採取的立場方面，則是「立實」。雖說「立實」，在作爲上卻僅有「明其惟有一乘，而普許修佛成佛」，並未進一步對於所立之實教的內涵加以闡述。這便是前文所指出的，《法華經》並未詳述權實二教的「微細網目」、「特殊的教義與法數」。其原因，眞鑑認爲，是由於《法華經》的目的，是要針對「四十年來已定之說」〔註 19〕進行「更張」。而這一舉措，勢必造成「人心慌越，疑網重重」，執先前之說爲「定說」者的惶惑不安，故而在經中的作爲，只是「且與破裂」。只要聞者能因此而「稍得信領」，便順勢「極力苦勸流通」，以堅定其對於「廢權立實」這項基本立場的認識。正由所花的工夫，集中在對於既有認知的扭轉與重建，所以在《法華經》中，才會「不暇細除心行及別授心要」，未曾論及權實二教的具體內涵。

然而，如果只是徒有其名，而未能進一步「細除心行及別授心要」，則這「廢權立實」的目的，必將只落個半途而廢，既非「畢竟廢權」，也非「畢竟立實」。因此，既然《法華經》已「開其端」，則必有另一部經接續完成這「廢

〔註 19〕關於這「四十年來已定之說」的說法，前人有不同的看法。智旭在其《教觀綱宗》的「通別五時論」（《大正》46，頁 937）中，即曾指出「有根熟眾生，佛即爲其開權顯實、開迹顯本，決無留待四十年後之理」（《大正》46，頁 937）。傅偉勳也認爲，「應以通的五時爲正意，別的五時則無關宏旨，可有可無」。傅偉勳《從創造的詮釋學到大乘佛學》，頁 177。關於這項課題，尚可參見橫超慧日〈四十餘年未顯眞實の意義〉一文。〔日〕橫超慧日《法華思想の研究》（京都：平樂寺書店，1986 年），頁 96～110。

權立實」的工作，足以「竟其說」。眞鑑認爲，這後續工作的完成，便見於《楞嚴經》中：「直至斯經（筆者案：即《楞嚴經》），方與畢竟終其廢立之實焉。」（《卍續》18，頁283）

眞鑑是如何將兩部經進行詮釋上的接合工作呢？他是由權實有別入手，先指出「良以權實雖有多種差別」（《卍續》18，頁 283）。這「多種差別」一語，便已先爲其有別於前人對於權實的詮釋，預留下詮釋空間及其合理性。然後將對此權實有別的詮釋，聚焦於《楞嚴經》所揭示出來之作爲本修因的所用之心有別上：「而所用之心以爲本修因者，乃其差別之要也」（《卍續》18，頁283）。換言之，在眞鑑看來，其並未否認有其他的差別存在，不過，「差別之要」一說，則突出了其所要詮釋的，這作爲「本修因」的「所用之心」，是所以要區別權實之異的關鍵所在。就眞鑑在此所進行的詮釋上的接合工作來看，其對於權實二教的關係，側重在由「差別」的角度來申說。因爲既有差別，便必須接著進行取捨的工作。這既合於其先前對於《法華經》所言的權實，側重於由「廢權立實」這有廢有立的角度進行界說，同時，也便於其由此與其所發明的「捨識從根」之說，這以有取有捨爲基本立場的主張，進行順利的接合。一旦由此接合《法華經》的權實之說與《楞嚴經》中作爲本修因的所用之心二說，則接下來，便可以暢快地大加發明其所提出的「捨識從根」的主張。

眞鑑在將《楞嚴經》所強調的作爲本修因的所用之心，視爲《法華經》權實二教的「差別之要」後，接著便指出「故斯經（筆者案：即《楞嚴經》）初、中、後重重與之判決權實：二種行人所用之心大有不同，令其決定捨權取實」（《卍續》18，頁283）。在此用「初、中、後」，說明了眞鑑認爲整部《楞嚴經》所進行的工作，便是「重重與之判決」《法華經》中所言權實的內涵。而這「判決」的工作，包含了就「二種行人所用之心大有不同」來分「判」權實，以及由此分「判」的結果進一步來「決」定「捨權取實」。

關於這「判決」工作的具體進行情況，眞鑑列舉了經文來加以說明。他先由經文開頭所宣說的眾生生死相續的原因來切入。他說：

> 如最初判云：「一切眾生生死相續，皆由不知常住眞心，用諸妄想。」
> 是則一切眾生竝該權、小，生死相續變易同倫。故知妄想者，權人所用之心也；常住眞心者，實人所用之心也。此猶隱略，須待釋明。
> （《卍續》18，頁283）

眞鑑認爲，在最初所說的經文中，早已對權實之別進行二分法的分判。其中所說的、造成「生死相續」的「妄想」，指的便是「權人所用之心」，而「一切眾生」所「不知」的「常住眞心」，則指的是「實人所用之心」。在此，眞鑑特別解釋「一切眾生生死相續」，指出其指涉的範疇，不只涵蓋分段生死的眾生，還包含了已無分段生死，卻仍有變易生死的小乘行者與權教菩薩。這一範疇的劃定，正相應於《法華經》中以廢三乘立一乘爲廢權立實的主張。雖然這段經文的分判，已隱含了取捨在其中，不過，畢竟仍未明白加以闡述。眞正明白揭示的部分，眞鑑認爲，是到了經文所言的「二種根本」處。他說：

> 至後剖判二種根本乃大分明，不勞補釋。文云：「一切眾生業種自然，諸修行人不成無上菩提，乃至別成權、小、魔、外，皆由不知二種根本，錯亂修習。猶如蒸沙作飯，塵劫無成。一者、生死根本。即汝今用攀緣心爲自性者。二者、菩提涅槃元清淨體。則汝今識精元明，能生諸緣，緣所遺者。」向下所破識心，令其捨之者，斥妄根本也；指與根性，令其用之者，授眞根本也。……詳究如來剖判語意，則知一切權人之所以爲權者，由其錯用識心爲本修因也。若不斥之令捨，則令《法華》徒廢權之名字，而心行不改，依舊蒸沙作飯，豈畢竟廢之耶？實人之所以爲實者，由其能用根性爲本修因也。若不授之令用，則令《法華》徒立實之名字，而常心不用，依舊終無實果，豈畢竟立之耶？（《卍續》18，頁283）

眞鑑會認爲經文開展到二種根本處「乃大分明，不勞補釋」，是因爲在前文中，只是約略提及「生死相續」，而在此則明說、詳說了修行不成的原因，在於「不知二種根本，錯亂修習」，以及二種根本的內容。而根據眞鑑的認識，經文繼續開展之斥破識心，便是「斥妄根本」，強調捨棄二種根本中的「生死根本」。斥破識心後之「指與根性」，則是「授眞根本」，明白指出用此「菩提涅槃元清淨體」。眞鑑認爲由這破識顯根的過程，便能清楚地得知《法華經》所要廢之權，便是「錯用識心爲本修因」，而所要立之實，則是「能用根性爲本修因」。正因爲本經就這兩方面皆明白指出，才能使得原本在《法華經》中徒有其名的「廢權立實」，在本經中得已完成這項廢立的工作，而「畢竟廢之」、「畢竟立之」。

除了以二種根本及由其所開展出來的破識顯根的經文來證明外，接著眞鑑還就初心二決定義處的經文，來延續其去妄用眞、捨識從根爲「廢權立實」

的發明。他說：

> 至三摩提中二決定義，依舊將前二本應擇去者，決定去之；應取用者，決定用之而已。但第一決定，即兼去妄、用眞二義。其所辯生滅心不可以爲本修因者，即前攀緣識心。況下明言先擇生死根本，即去妄本也，而於前名字絲毫未改。……又其令依不生滅圓湛之性，即用眞本也。……至於第二決定，但令決用眞本而加詳爾！且下文引諸佛證明：識性虛妄猶若空華，生死涅槃皆惟根性。及至選圓通時，畢竟惟用聞根而已。（《卍續》18，頁283～284）

所謂的「二決定義」，依眞鑑來看，關鍵在「第一義」的部分。「第一義」的經文是「第一義者，汝等若欲捐捨聲聞、修菩薩乘、入佛知見，應當審觀因地發心與果地覺爲同？爲異？阿難，若於因地以生滅心爲本修因，而求佛乘不生不滅，無有是處」（《大正》19，頁122），「應當先擇死生根本，依不生滅圓湛性成，以湛旋其虛妄滅生，伏還元覺，得元明覺無生滅性爲因地心，然後圓成果地修證」（《大正》19，頁122）。就這部分的經文而言，眞鑑認爲，其實是延續先前經文對於二種根本的取捨而來。在此所說的「於因地以生滅心爲本修因」，即前文所斥破的「攀緣識心」，當然不能以之爲本修因，因此「應當先擇死生根本」，這即是眞鑑所強調的「去妄本」。而「依不生滅圓湛性」，「得元明覺無生滅性爲因地心」，則正是「用眞本」而修。這「第一決定義」的部分，在眞鑑看來，即已兼具了「去妄、用眞二義」。至於接著所徵引的「諸佛證明」，指出「識性虛妄」、惟有「根性」，以及選擇圓通本根時，「畢竟惟用聞根」，其實都不出「捨識從根」之意。

　　由以上的「重重與之判決」，眞鑑得出以下的結論：「是皆所以改權人之心行，而授圓實之眞本也。當知如來正爲畢竟廢權、畢竟立實，故說斯經。」（《卍續》18，頁284）這便是眞鑑以《楞嚴經》的眞妄二本、破識指根、捨識從根來詮釋《法華經》的「廢權立實」之說，並認爲《法華經》「廢權立實」的具體工作，在《楞嚴經》中才得以完成，由此而說《楞嚴經》之「捨識從根」說即爲《法華經》所言之實教。茲將眞鑑所論，以表格整理於下：

實	權
常住眞心	妄想
菩提涅槃元清淨體。 則汝今識精元明，能生諸緣，緣所遺者。	生死根本。 即汝今用攀緣心爲自性者。

能用根性爲本修因	錯用識心爲本修因
依不生滅圓湛性。 得元明覺無生滅性爲因地心。	以生滅心爲本修因

參、由眞鑑對於權實二教所預設的詮釋立場來看

　　就以上眞鑑的論述來看，雖然眞鑑的作法，看似是以《楞嚴經》的用根與用識之別，來詮釋《法華經》權實二教的內涵，不過，其背後的深意，其實可說是藉由《法華經》所倡言的實教，來爲其「捨識從根」之說背書。雖然其論述過程確實可說是無縫接軌，不過，必須深入檢視的，是其如此詮釋背後對於權實二教關係的預設立場。前文指出，眞鑑對於《法華經》所言的權實二教，採取的是「廢權立實」的立場。他一開頭便說「以《法華》雖曰廢權」，便已決定了權教與實教二者，爲相互對立的關係，因此必須在二者之中有取有捨，廢一立一，而且是「畢竟」廢立，不容有異說。眞鑑之所以採取這種預設，當然是爲了與其對於《楞嚴經》的發明，即有取有捨的「捨識從根」之說進行接軌之故。

　　然而，以台家對於《法華經》之權實的解讀來看〔註20〕，則會認爲眞鑑對於權實二教的認識未免偏狹，因而對於由此而推演至《楞嚴經》的「捨識從根」，自然也多所非難。就以智顗對於《法華經》所言之權實，以及一乘與三乘關係的發明來看，在權實的部分，《摩訶止觀》中即曾指出可以有「一、爲實施權。二、開權顯實。三、廢權顯實」（《大正》46，頁 34）三種不同關係的解讀。而在一乘與三乘的部分，《妙法蓮華經玄義》中也曾「釋迹門爲十」（《大正》33，頁 797），分別是「一、破三顯一。二、廢三顯一。三、開三顯一。四、會三顯一。五、住一顯一。六、住三顯一。七、住非三非一顯一。八、覆三顯一。九、住三用一。十、住一用三」（《大正》33，頁 797）。顯然台家對於《法華經》所言之權實，以及一乘與三乘關係的發明，遠不止於如眞鑑的解讀般，只有一廢一立、有取有捨這種截然相對的關係而已。在相對性的關係之外，更可以是絕待性的關係。對此，智顗在《妙法蓮華經玄義》之「開麁位顯妙位」的單元中，即曾指出：

〔註20〕可參見日人村中祐生〈《法華經》の開顯と權實〉一文。該文依天台《法華文句》之四種釋：因緣釋、約教釋、本迹釋、觀心釋，來研究台家對於《法華經》權實課題之開顯。收錄於〔日〕勝呂信靜編《法華經の思想と展開》，頁327～349。

若破三顯一相待之意，可得如前；即三是一絕待之意，義則不爾。
何者？昔權蘊實，如華含蓮。開權顯實，如華開蓮現。離此華已，
無別更蓮；離此麁已，無別更妙。何須破麁往妙？但開權位，即顯
妙位也。開生死麁心者，……生死即涅槃，無二無別，即麁是妙也。
　　（《大正》33，頁 739）

依智顗之說，權與實、二乘與一乘的關係，除了破與立的「相待之意」外，
更可以是「開權顯實」的「離此麁已，無別更妙」、「但開權位，即顯妙位」、
「生死即涅槃，無二無別，即麁是妙」的「絕待之意」。智顗曾對此「開權顯
實」作出解說，他說：「若開權顯實者，達事法已，權意即息，亦不離權遠求
於實。權即是實，無復別權，故言開權顯實也。」（《大正》33，頁 770）換言
之，在台家的解讀中，權與實、三乘與一乘，並不是只有唯一的一種斷裂的、
有取有捨的關係而已。因此，在「即三是一」、「即麁是妙」、「權即是實」的
關係中，自然有別於「破三顯一」關係中之「破麁往妙」，那種有破有顯、有
取有捨、廢權立實的作法。而在台家發明中之最爲精深獨到的部分，便是在
「即三是一」、「即麁是妙」、「權即是實」這「絕待」關係中所彰顯出來之「即」
〔註21〕。

　　關於台家所獨家發明的「絕待」之「即」，牟宗三曾指出，「此洞見中之
義理之實不見于《法華經》，乃是智者大師之所抒發」，「此原初的洞見是天臺
智者大師的智慧識見」〔註22〕。而這「最元初最根源之洞見」，便是「決定圓
教之所以爲圓教者」〔註23〕。牟氏對此進一步詳加闡述說：

此洞見爲何？曰：即「低頭舉手皆成佛道」中所隱含之「即」字是
也。誰即誰？權教本只是佛對眾生根器不齊所施之方便說或差別
說。假定當初與佛結緣而爲佛之眷屬，被預記爲皆得成佛，則今日
雖處凡夫之境或小機之境，佛就之而方便施教，遂成爲迹門之權
教，……一經開決，凡在此權教指導下之凡夫之行或小機之行皆是

〔註21〕 關於智顗與台家所言之「即」，可參見柏倉明裕〈智顗における即の意味〉，《印
　　　　度學佛教學研究》第 57 卷第 1 號，2008 年 12 月，頁 35～38；柏倉明裕〈天
　　　　台教學における即義〉，《印度學佛教學研究》第 52 卷第 1 號，2003 年 12 月，
　　　　頁 26～28；宮澤勘次〈天台大師の「即」について〉，《印度學佛教學研究》
　　　　第 41 卷 1 號，1992 年 12 月，頁 77～79。
〔註22〕 牟宗三《佛性與般若》，頁 598。
〔註23〕 牟宗三《佛性與般若》，頁 598。

佛因，佛因即圓因或妙因，此即所謂開權以顯實，權即是實。……
「低頭舉手，著法之眾，皆成佛道，更無非佛道因。佛道既成，那
得猶有非佛之果？散善微因，今皆開決，悉是圓因。何況二乘行？
何況菩薩行？無不皆是妙因果也。」此即是圓佛之圓因圓果。若必
隔斷了此凡夫或小機之任一行，以爲成佛必別是一套作法，則佛終
不得成，即有所成，亦不是圓佛，蓋其因不圓，故果亦不圓也〔註24〕。

《法華經》之所以爲圓教教法，便在於台家對其「即」之發明。在此「即」
中，「凡在此權教指導下之凡夫之行或小機之行皆是佛因」，「權即是實」，「更
無非佛道因」，這才是台家所主張的「圓佛之圓因圓果」。反此而行，「以爲成
佛必別是一套作法」，在台家之人看來，由於其在因上即已「隔斷了此凡夫或
小機之任一行」，因既不圓，自然也無法成就圓果，「即有所成，亦不是圓佛」。
既然如此，則眞鑑由《法華經》之「廢權立實」而銜接至《楞嚴經》的「捨
識從根」之說，台家人自然便多無法認同其「捨識」、「決定不用識心」的主
張，而會多有非難。

然而，眞鑑會如此預設的原因，難道眞的是因爲他對於圓教毫無認識，
才會有此「成佛必別是一套作法」的主張？他眞的完全只是認爲必得「決定
不用識心」才能成就，還是其實在某種程度上，也承認了由識可以成就由根
所達成的目標？關於這個論題，在後文第五節「有關對於『捨識從根』說的
批評」之「參、眞鑑對於由識修入圓通的看法」中，將會進行探究。

第三節　「捨識從根」即爲《法華經》所言之佛知見

除了指出「捨識從根」即爲《法華經》所言之實教外，眞鑑還另外發明
了「捨識從根」與《法華經》的關係，即與《法華經》中所言及的「佛知見」
有關。前文即已曾約略言及了眞鑑所發明的「根性即佛知見，即實相體」，「此
根性法門，亦即《法華》……之體」的主張。而在探討眞鑑的這項發明之前，
則必須先對於《法華經》所言的「佛知見」有所認識。因此，本節的討論程
序，將先簡介《法華經》所言的「佛知見」，再就眞鑑對於「捨識從根」與《法
華經》「佛知見」之說的發明進行探討。

〔註24〕　牟宗三《佛性與般若》，頁 598～599。

壹、《法華經》所言之「佛知見」簡介

《法華經》中對於「佛知見」的敘述，主要見諸〈方便品〉。在〈方便品〉中，有數處言及「佛知見」。如在經文「如來方便知見波羅蜜皆已具足。舍利弗！如來知見廣大深遠，無量無礙」（《大正》9，頁 5）中，言及了「如來方便知見波羅蜜」與「如來知見」，並說明「如來知見」的特性是「廣大深遠，無量無礙」。而最主要的，則要屬以下的這段經文：

> 「諸佛世尊唯以一大事因緣故出現於世。舍利弗！云何名諸佛世尊唯以一大事因緣故出現於世？諸佛世尊欲令眾生開佛知見，使得清淨故，出現於世；欲示眾生佛之知見故，出現於世；欲令眾生悟佛知見故，出現於世；欲令眾生入佛知見道故，出現於世。舍利弗！是為諸佛以一大事因緣故出現於世。」佛告舍利弗：「諸佛如來但教化菩薩，諸有所作，常為一事，唯以佛之知見示悟眾生。」（《大正》9，頁7）

本段經文，主要說明的是諸佛出世的唯一大事因緣，便在於欲令眾生開、示、悟、入佛之知見，「以佛之知見示悟眾生」。而在本段經文後接著所說的「舍利弗！是諸佛但教化菩薩，欲以佛之知見示眾生故，欲以佛之知見悟眾生故，欲令眾生入佛之知見故」（《大正》9，頁7），內容則不出本段經文所言。

就以上的經文來看，《法華經》中之言及「佛知見」，用意在彰顯諸佛出世的目的所在，而「唯以一大事因緣」之「唯」，則說明了這項目的可說是最終的、真正的目的。在其他的經典中，或許曾宣說過不同的目的，不過，在《法華經》「唯以一大事因緣」之「唯」下來看，其他曾宣說過的目的，其實都只能算是個別針對性的、暫時性的目的。由此可知，《法華經》中「唯以一大事因緣」所揭示出來的「佛知見」，絕對可說是一切佛法的最終歸趨與最高極致。而對此「佛知見」的開展，則是透過開、示、悟、入的過程來完成。

然而，前文即已指出，「《法華經》是空無第一序之內容的，它無特殊的教義與法數」，「它的問題是佛意，佛之本懷，……不是特殊的教義問題」，「它不詳說那些『微細網目』，即第一序上的那些特殊教義」。如此一來，這諸佛出世的唯一「大事因緣」，即企圖使眾生開、示、悟、入的「佛知見」，由於《法華經》本身並未對此詳加闡述，則其內涵究竟為何，便因此而留下了各家不同的詮釋空間。

真鑑正是由此詮釋空間，銜接了《法華經》所言的「佛知見」與其對於《楞嚴經》所發明的「捨識從根」之說二者的關係。

貳、以《楞嚴經》所言之根性來詮釋《法華經》的「佛知見」

　　眞鑑對於「根性即佛知見」的發明，在《正脉疏懸示》中有專門的論述，也就是所謂的「的指知見」(《卍續》18，頁 282)。在進行論述之前，眞鑑先就前人對於「佛知見」的詮釋略作檢討，指出前人詮釋的問題，是出在「依義不依文」。他說：

> 《法華》……開顯之初，且但題破名字，未暇的實詳指，……因此解家各隨己意釋之。如以三智五眼爲知見，則偏就果德爲言，而不詳佛開、示、悟、入語意，雙含性具、修成兩義。古德釋此多惟取義，而不曲意尋文。苟皆依義而不依文，將使聖言但具義無礙而不具辭無礙也。烏乎！可哉？(《卍續》18，頁 284)

眞鑑在此，先指出《法華經》對於「佛知見」，只是「題破名字」，明白揭示有此，卻並未進一步對此「佛知見」的名稱「的實詳指」。言其名而未言其實，便因此而造成了「解家各隨己意釋之」的現象。這說明的是有關《法華經》所言的「佛知見」，其所以有詮釋空間的緣故。接著藉由指出前人詮釋內容的偏向，如偏向就果德的「三智五眼」來詮釋佛知見，來對比其認爲佛陀所言的開、示、悟、入，不應偏取一方來詮釋，而應該同時包含了「性具」與「修成」兩方面的意涵。就眞鑑在此所說來看，顯然其認爲影響對於「佛知見」之認識的關鍵，是在於對「開、示、悟、入」其「語意」的解讀。問題是前人的詮釋，並不在此處著眼，即其所說的「不曲意尋文」，而是「多惟取義」。這種「依義而不依文」的詮釋方式，眞鑑認爲固然能融通經文的義理而說，卻也只能如此，而無法同時使得經文的語句也融通無礙。由眞鑑在此所強調的「語意」與「依文」，可以看出，其對於《法華經》的詮釋方法，實同於其詮釋《楞嚴經》時，所主張的重視經文語句結構的詮釋方法。

　　就眞鑑對於前人詮釋「佛知見」的檢討來看，其實，檢討應非其重點所在，因此，並未看到眞鑑一一例舉前人的異說詳加剖析，反倒是爲其開展後文的詮釋先行鋪路的意味較爲濃厚。眞鑑在後文所開展的發明，並非逕以根性與「佛知見」相銜接，而是先就其所批評的前人「不詳佛開、示、悟、入語意，雙含性具、修成兩義」的部分，針對《法華經》之開、示、悟、入重新進行詮釋，並以「依文」爲其詮釋方法。其次則就《楞嚴經》本身，指出根性即爲知見。最後，才結合兩經進行綜合發明。以下的探討，將依循眞鑑的開展進程進行。

一、重新界定《法華經》之「開、示、悟、入」雙含性具與修成兩義

　　眞鑑眞正進行以根性來詮釋《法華經》的工作，是先由重新界定《法華經》「開、示、悟、入」的語意著手。前文已略微點出，他認爲前人的詮釋「多惟取義，而不曲意尋文」。這「不曲意尋文」所針對的，便是《法華經》言及「開、示、悟、入」處經文之「字義多少句句不同」（《卍續》18，頁 284），「諸句不齊」（《卍續》18，頁 284）的問題。眞鑑指出：

> 今據經本文云：「欲令眾生開佛知見，使得清淨故；欲示眾生佛之知見故；欲令眾生悟佛知見故；欲令眾生入佛知見道故。」字義多少句句不同，豈可一槩取義自在，而更不顧義之所安乎？（《卍續》18，頁 284）

就眞鑑所說的「今據經本文」來看，其所依據的，當是鳩摩羅什所譯的《妙法蓮華經》〔註 25〕。這段經文在眞鑑看來，關於開、示、悟、入的述說，雖然皆言及了「佛知見」，不過，各句的「字義多少」則有所不同，而不只是「開、示、悟、入」四字之別而已。眞鑑認爲，這「義之所安」的各句文字不同之處，便是關鍵所在，他正是由此來重新界定「開、示、悟、入」所具有的意涵。

　　眞鑑在進入重新詮釋「開、示、悟、入」之前，插入了短短的兩句話語，話語雖短，卻十分值得留意。他說：「今有私解，來哲審之。知見二字，《楞嚴》中佛自指明，今且伸明諸句不齊之故。」（《卍續》18，頁 284）就眞鑑在此所說的「知見二字，《楞嚴》中佛自指明」兩句話語來看，說明了在眞鑑的發明中，早已預設了《法華經》所指涉的「佛知見」，即等同於《楞嚴經》所言的佛知見。因此，就「佛知見」的部分而言，兩經之間，並無銜接的工作需待完成。既然如此，關於「佛知見」的意涵，眞鑑不是只需就《楞嚴經》

〔註25〕在羅什之前，已流行西晉時竺法護譯之《正法華經》，而在羅什之後，又有隋代崛多與笈多二師「重勘天竺多羅葉本」（《大正》9，頁 134）所成之《添品妙法蓮華經》。餘尚有不少別生經，唯所譯不及上述三本之全。《開元釋教錄》指出，上述三本爲「同本異譯」（《大正》55，頁 591），而「兼此《添品》總成六譯，三在三闕」（《大正》55，頁 591）。所謂「三在」，即上述三部今日尚可見者。關於《法華經》之傳譯及其之「三在三闕」，詳見朱封鰲、韋彥鐸《中華天台宗通史》（北京：宗教文化出版社，2001 年），頁 11～41。或見〔日〕勝呂信靜《法華經の成立と思想》（東京：大東出版社，1996 年），頁 23～33。或日人矢崎正見〈《法華經》傳譯とその形態〉一文，收錄於〔日〕坂本幸男編《法華經の思想と文化》（京都：平樂寺書店，1965 年），頁 228～239。

所言大加發明即可，又何必要大費周章地轉由重新界定《法華經》經文的意涵來迂迴進入呢？推究眞鑑的用意，應該是爲了要凸顯其所發明的「捨識從根」之說的重要性，因此特別連結《法華經》的「佛知見」來發明，以見其重要的程度實即爲《法華經》所言之「諸佛世尊唯以一大事因緣故出現於世」。既是諸佛出世的唯一大事，則其重要程度自是無可比擬。

那麼，眞鑑是如何重新界定《法華經》的「開、示、悟、入」呢？他是分就四字所引領的四段經文，個別加以詮釋。首先是開佛知見的部分。眞鑑的詮釋是：

> 啓閉曰開。佛知見三字，應指眾生性具本有知見即佛知見，持業釋〔註26〕也。但爲迷倒封閉，故開令顯現。復加「使得清淨」四字，足顯乃是在迷之體，不開未即清淨，揀異修成，不更使淨也。然一開，即永離迷倒之封閉，是謂清淨矣！（《卍續》18，頁284）

眞鑑認爲「開佛知見」的「開」字，說明了這「佛知見」爲眾生本具。因爲所謂的「開」，是「啓閉」之意，意味著並非本未具足，而只是因爲「迷倒」，所以「封閉」未顯。一旦「開令顯現」，便「永離迷倒之封閉」。而「使得清淨」，則意味著因未開之閉而謂之不清淨，一開而離卻迷倒即可清淨，這實是彰顯出了所欲開的「佛知見」爲「眾生性具本有知見」，並非因修而有、而成，因此說「揀異修成」。關於「開佛知見」的部分，可以看出，眞鑑主要強調的是，「眾生性具本有知見」即爲「佛知見」，亦即「佛知見」在「性具」的方面。

其次，是示佛知見的部分。眞鑑的說法是：

> 出告曰示。謂出己所有，以昭告於人也。佛之知見，即釋尊與諸佛修證已成、果德上之知見，依主釋〔註27〕也。蓋眾生惟有性具知見，

〔註26〕 所謂「持業釋」，爲「六離合釋」之一。「六離合釋」，是前人用來處理可疑名相的方法，即《大乘法苑義林章》中所說的「解諸名中相濫、可疑諸難者」（《大正》45，頁255），分別是「一、持業釋。二、依主釋。三、有財釋。四、相違釋。五、隣近釋。六、帶數釋」（《大正》45，頁255）。關於「持業釋」，《大乘法苑義林章》的解釋是：

> 初、持業釋，亦名同依。持，謂任持。業者，業用，作用之義。體能持用，名持業釋。名同依者：依，謂所依。二義同依一所依體，名同依釋。如名大乘，無性釋云：「亦乘，亦大。大者，具七義，形小教爲名。乘者，運載義，濟行者爲目。若乘、若大，同依一體，名同依釋。其體大法，能有運功，故名持業。」（《大正》45，頁255）

〔註27〕 所謂「依主釋」，《大乘法苑義林章》的解說是：

而未逮修成知見。若但開其性具而不示修成，則終無究竟。故就已修證，以示諸佛之知見焉。（《卍續》18，頁 284）

依眞鑑之說來看，其由「出告」、「出己所有，以昭告於人」來解釋「示」字，顯然不是由眾生的角度來詮釋，而是由諸佛的角度。因此，這時經文中的「佛知見」，便指涉的是「釋尊與諸佛修證已成、果德上之知見」。眞鑑會如此詮釋，應該是因爲留意到了經文「欲示眾生佛之知見」中的「之」字。在其餘開、悟、入三句中的「佛知見」，皆不像此句作「佛之知見」。這不同於其他三句之處，正是眞鑑在重新詮釋「開、示、悟、入」時所強調的，「字義多少句句不同」、「諸句不齊」這必須「曲意尋文」之處。而其所說的「義之所安」，正在於此處。因此，關於「示佛知見」的詮釋，他的詮釋是：就眾生的角度而言，雖然已知有「性具知見」，然而因爲「未逮修成」，則這「性具知見」「終無究竟」，所以諸佛才要就其所修證之知見來出告於眾生。就眞鑑對於「示佛知見」的詮釋來看，顯然其強調的是「佛知見」在「修成」的方面。

開、示之後，則爲「悟佛知見」。眞鑑的詮釋是：「自惺曰悟。承上開顯本有，而自悟性具之知見也。」（《卍續》18，頁 284）眞鑑以「自惺」解釋「悟」字，說明「悟佛知見」爲「自悟性具之知見」，顯然是就眾生的角度而言。而「承上開顯本有」之說，則更證明了「悟佛知見」，是針對已經諸佛開顯性具之佛知見的眾生，欲令其進一步「自悟」其「性具」而言。

至於最後的「入佛知見」，眞鑑的詮釋是：「親到曰入。知見道者，修證果上知見之門路也，例如道諦。承上告示修成，而親到修證境界矣！」（《卍續》18，頁 284）眞鑑以「親到」來解釋「入」字，並說「承上告示修成，而親到修證境界」，似乎意味著「入佛知見」便是指涉眾生能夠如諸佛般「修證已成」，同具果德。然而，眞鑑在詮釋時，還特別留意到了「字義多少句句不同」這「諸句不齊」之處，「曲意尋文」，照顧到了經文「欲令眾生入佛知見道」中在「佛知見」後的「道」字。因此，在詮釋時，會就「知見道」來解釋說「修證果上知見之門路也，例如道諦」。由此可知，「入佛知見道」所言，

依主釋者，亦名依士。依，謂能依。主，謂法體。依他主法以立自名，名依主釋。或主是君主，一切法體名爲主者，從喻爲名。如臣依王，王之臣故，名曰王臣。士，謂士夫。二釋亦爾。於論名中，《攝大乘論》，以本經中「攝大乘品」名「攝大乘」。此論解彼，名「攝大乘論」，義可應言攝大乘之論。依「攝大乘品」而爲主故，以立論名，故依主釋。（《大正》45，頁 255）

指的應是能夠「親到修證境界」的「門路」，是就眾生修法的方面而言。眞鑑在詮釋時，特別照顧到了「入佛知見道」中的「道」字，證諸異譯之《正法華經》的經文〔註28〕，也可知眞鑑這「曲意尋文」的詮釋，確實無誤。

眞鑑在對「開、示、悟、入」四句個別詮釋之後，特別再撮要分類各句的屬性。他指出，「前二在教，後二在機。一、三屬性具，而二、四屬修成也。」（《卍續》18，頁284）所謂的「前二在教」，指的是「開、示」的部分，這部分是佛陀對於眾生的施教。「後二在機」，則是指「悟、入」的部分，這部分則是屬於接受施教的眾生方面。「一、三屬性具」，即開顯眾生性具知見，並欲令其自悟此已經開顯的性具知見，因此皆屬性具。而「二、四屬修成」，二之所示，爲諸佛所修證已成之知見，四之所入，則是眾生自入，因此皆屬修成。這正是眞鑑所要彰顯的「開、示、悟、入語意，雙含性具、修成兩義」。

就以上眞鑑對於「開、示、悟、入」的重新詮釋來看，似乎與其在《楞嚴經》中所發明的「捨識從根」無關，實則眞鑑如此的作法，正是要爲其後文之以「開、示、悟、入」爲結構來詮釋《楞嚴經》先行鋪路。

二、就《楞嚴經》言根性即爲佛知見

既然《法華經》對於「佛知見」，只是「但題破名字，未暇的實詳指」，則關於其內涵，自是言人人殊。眞鑑認爲，這「佛知見」，指的便是《楞嚴經》中所揭示出來的根性。他說：

> 至於知見，惟《楞嚴》方以的指六根中性是也。如五卷，諸佛同聲證云：「生死涅槃，同汝六根，更非他物。」及釋尊自解，云：「知見立知，即無明本；知見無見，斯即涅槃。云何是中更容他物？」是顯然以根性爲知見也。但近示初修，雖似但惟發端於根性，及至漸次開顯到於究竟，即是如來藏性，非佛知見而何哉？（《卍續》18，頁284～285）

眞鑑在此說「惟《楞嚴》方以的指六根中性」，其中的「惟」與「的指」，強

〔註28〕若就現存的《正法華經》、《妙法蓮華經》與《添品妙法蓮華經》三部經的經文來比對，後二經在「開、示、悟、入」處的經文文字完全相同，倒是《正法華經》的文字出入較多。然而，關於「入佛知見道」整句的譯文，《正法華經》雖作「示寤民庶八正由路，使除望想，出現于世」（《大正》9，頁69），看似文字出入不少，不過，由「八正由路」中的「由路」而言，即可知其意是「所由之路」，實同於「入佛知見道」的「道」字之意。由此可知，眞鑑在詮釋時「曲意尋文」，照顧到「道」字的解釋，確屬無誤。

調了其主張的唯一性與正確性。因為在其他經典中，並未如《楞嚴經》中「的指」，即明白指出「佛知見」的內涵，相較之下，《楞嚴經》中之明白指出，豈不是正確性較高？對此，眞鑑還特地徵引了經文來證明其說。他以諸佛同聲所說的「生死涅槃，同汝六根」，以及佛陀所解說的「無明本」（即生死）爲「知見立知」，「涅槃」爲「知見無見」，雙方之說相互發明，證明了「知見」即爲「同汝六根」中之「根性」。除了指出根性即爲知見外，眞鑑還就其根性通於藏性的發明，來彰顯既然根性開顯至究竟即是如來藏性，則不正是「佛知見」嗎？就眞鑑的論述來看，相較於其他對於「佛知見」的詮釋，其論據應該是更爲明確而有力。既然《楞嚴經》中已明白指出「佛知見」的內涵，則《法華經》「但題破名字，未暇的實詳指」的「佛知見」，不正應該是《楞嚴經》所「的指」的根性嗎？

關於這《楞嚴經》所揭示的根性即爲《法華經》所言的「佛知見」一事，眞鑑在詮釋經文「是故汝今知見立知，即無明本；知見無見，斯即涅槃無漏眞淨」（《大正》19，頁124）時，也特別就此來設問發明。他說：

> 問：此之知見與《法華》知見及此經圓彰三藏之後所說知見，同耶？異耶？

> 答：更無別法，但說示泛切不同耳！《法華》標名，未及釋義。解家隨情，於經無證，泛之甚也。斯經金口自釋，圓彰三藏即佛知見，亦取眾生藏心本具，非取修證所成。然於眾生現前，未曾指其具於何處，是猶未的切也。

> 今此處，於眾生現具六根中性指出如來知見，方甚爲的切而非泛也。蓋以知即內之意根，見即外之五根。而此根性既周徧常住，爲菩提涅槃元清淨體，而三藏圓具，非如來知見而何？單傳直指，亦密指於此而已。而顧謂之教外者，欲其離文字、迴光親見耳！（《卍續》18，頁583）

在眞鑑看來，《楞嚴經》與《法華經》二經所說的「佛知見」，其實並無二致，是「更無別法」。若眞要說其差別之處，眞鑑認爲，只是「說示泛切不同」而已。換言之，二經之別，不在「佛知見」的內涵，而在對於「佛知見」的表述方面。《法華經》是只有「標名」，而尚未對其意涵詳加詮釋，由此空間而造成諸家不同的說法。關於諸家不同的解說，眞鑑認爲，都屬於「隨情」之解，亦即各隨所偏之一見而自成其說。然而，諸家之說的共同點，卻都是「於

經無證」。因此，不論何種玄妙的說法，在眞鑑看來，都屬浮泛之說。眞鑑高舉這「於經無證」作爲評判的準據，正是要藉此來突顯出其詮釋是「於經有證」。因此，他接著便強調「斯經金口自釋」。而有這「金口自釋」的「聖言量」作爲憑證的詮釋，其詮釋的正確性，其他「於經無證」之說自是相形見絀。那麼，二經的「說示泛切不同」，究竟在何處？眞鑑認爲，《楞嚴經》中之取眾生本具藏心來「圓彰三藏即佛知見」，雖然已不像《法華經》般未加說解，不過，「於眾生現前，未曾指其具於何處」，則仍舊是不夠「的切」之說。眞正和盤托出「甚爲的切而非泛」的說明，則是「於眾生現具六根中性指出如來知見」，亦即就現前六根指出根性即如來知見。這樣的詮釋，有何論據？眞鑑扼要地由「知見」二字來解說。他指出，「知見」的「知」即指意根，而「見」則是指眼、耳、鼻、舌、身五根。眾生的一切內外知覺，皆由此六根而來，最是親切不過。而這六根中性，既然「周徧常住」，是「菩提涅槃元清淨體」，並且「三藏圓具」，則不正就是如來知見的特性嗎？眞鑑最後還以禪宗之說來做爲佐證，指出所謂的教外別傳、直指人心，其實也只是「密指於此」而已。說其「密指」，即說明了不同之處只是在表述與傳達的方法上，而不是在內涵上有別。因此，眞鑑特別解釋稱之爲「教外」的原因，只是「欲其離文字、迴光親見」，亦即在方法上是「離文字」、是現量式的「親見」，而不同於《楞嚴經》之「即文字」、這種比量式的「推見」。然而，所「指」的目標與內涵，卻並未因此而有所出入。

關於這與禪宗相互發明的部分，在「第四節　『捨識從根』即爲禪宗所言之『直指人心』」中，將會進行探討。只就眞鑑在此以聖言量之明文爲據，來論述其所主張的《楞嚴經》所言之根性即爲佛知見一事而言，自是較其他家數的詮釋更爲有力，更能站得住腳，不容置疑。

三、以《法華經》之「開、示、悟、入」爲結構來詮釋《楞嚴經》

前文指出，眞鑑先對於「開、示、悟、入」重新詮釋，強調了其雙具性具與修成兩義，接著則指出《楞嚴經》所揭示的根性即爲佛知見。這兩項作法，都是爲了接下來要開展的以《法華經》之「開、示、悟、入」爲結構來詮釋《楞嚴經》一事先行鋪路。推敲眞鑑之意，應該是認爲：一旦就《楞嚴經》指出根性即爲佛知見，而《法華經》「開、示、悟、入」的進程又正合於《楞嚴經》經文的開展，則整部《楞嚴經》的宣說，不就正是《法華經》之徒有「開、示、悟、入佛知見」之名的最佳詮釋嗎？而《法華經》所言的「開、

示、悟、入佛知見」，不正等於《楞嚴經》所言之「捨識從根」，乃至通於藏性與修入圓通嗎？因此，在完成前兩項工作後，眞鑑接著所做的，便是「以開、示、悟、入而考斯經（筆者案：即《楞嚴經》）」（《卍續》18，頁 285），結合《楞嚴經》與《法華經》來進行綜合發明。

眞鑑先就「開佛知見」的部分而言。他認為，「從初發明見性至七大徧周，令其知眞本有，即開啓性具之知見也。自問云何忽生，答至三種相續，令其達妄本空，即使得清淨也。」（《卍續》18，頁 285）就眞鑑的發明來看，「開佛知見」之原文──「欲令眾生開佛知見，使得清淨故」的兩項重點，即「開佛知見」與「使得清淨」，眞鑑在發明中皆照顧到。其中，由《楞嚴經》卷一開始的「發明見性」，一直到卷三「圓彰七大即性周徧」（《卍續》18，頁457），目的都是在「令其知眞本有」，這部分便是「開佛知見」，「開啓性具之知見」。而由卷四開始，富樓那所提問的「若復世間一切根、塵、陰、處、界等，皆如來藏清淨本然，云何忽生山河大地諸有為相，次第遷流，終而復始」（《大正》19，頁 119），一直到該卷中富樓那再問「敢問如來一切眾生何因有妄」（《大正》19，頁 121），而佛陀答以「汝但不隨分別世間、業果、眾生三種相續，三緣斷故，三因不生，則汝心中演若達多狂性自歇，歇即菩提」（《大正》19，頁 121）處，經文的目的，則是在「令其達妄本空」，都是著眼於「此迷無本，性畢竟空」（《大正》19，頁 120）來闡述，而這便正是所謂的「使得清淨」，使其不再為迷妄所染污。

而關於「示佛知見」的部分，眞鑑則先指出其在《楞嚴經》中所涵蓋的範圍，是「自辯五大相陵，答至三如來藏，即告示如來自所修成之知見」（《卍續》18，頁 285）。前文指出，眞鑑在詮釋「示佛知見」時，因留意到經文「欲示眾生佛之知見」的「之」字，而主張「示佛知見」是出告諸佛修證已成之果德上的知見，是由諸佛的角度而言，而這正合於其在此所說的「告示如來自所修成之知見」。這如來果德知見的「告示」，在《楞嚴經》中，是由「辯五大相陵」開始。所謂的「辯五大相陵」，指的是在卷四中，對於富樓那所提問的「地、水、火、風，本性圓融，周遍法界。疑水、火性不相陵滅；又徵虛空及諸大地俱遍法界，不合相容」（《大正》19，頁 120），所作出的辨析與答覆。由此而「答至三如來藏」，即佛陀開示如來藏「俱非」（《大正》19，頁 121）、「俱即」〔註29〕（《大正》19，頁 121），乃至「離即離非」（《大正》19，

〔註29〕關於「俱即」，《大正藏》作「即俱」，而宋、元、明校本則作「俱即」。就義

頁 121）這一大段的經文。這些佛陀對於如來藏的發明，眞鑑認爲，正是佛陀
親示其修證已成之果德上的知見。

除了就整體的「示佛知見」來發明外，眞鑑還進一步深入個別的經文進
行闡述。他認爲，「中間文云『我以不滅不生合如來藏』，乃至『於中一爲無
量』等四交徹意」（《卍續》18，頁 285），這些經文都是佛陀就其已修成的「究
竟知見之大用」（《卍續》18，頁 285）所作出的發明。而「又云如來藏心非一
切、即一切，乃至離即離非三圓融意」（《卍續》18，頁 285），則是佛陀對於
其所修成之「究竟知見之全體」（《卍續》18，頁 285）的描述。在深入個別的
經文進行闡述後，眞鑑總結說：

> 此文明是如來出己果德以勵眾生，由性具而尅此成功，恰合《法華》
> 欲示眾生佛之知見。觀其結云如何三有眾生、出世二乘，「以所知心
> 測度如來無上菩提，用世語言入佛知見」，可驗上文皆是說佛知見
> 也。（《卍續》18，頁 285）

就眞鑑所指出的《楞嚴經》的經文來看，確實是如其所說的「如來出己果德
以勵眾生」，而這正合於《法華經》所欲告示眾生的「佛之知見」。而接著所
徵引的經文結文，就其內容詰問所言及的「如來無上菩提」與「佛知見」來
看，也確實足以證明前文的內容，都是針對佛陀修證已成之果德上的知見而
言。

「示佛知見」後，則是「悟佛知見」。關於這部分，眞鑑的詮釋是：

> 若論語（筆者案：當爲「悟」）佛知見，單約於機，則後別無文，不
> 離開、示之下。前云「各各自知心徧十方」等，後云「疑惑銷除，
> 心悟實相」等，皆是也。（《卍續》18，頁 285）

眞鑑的看法，是認爲若單就任何單一對象來考察《楞嚴經》經文，則「悟佛
知見」的部分，在《楞嚴經》中是「後別無文」，並無單獨對此的述說，不過，
這並不意味著《楞嚴經》經文未曾言及「悟佛知見」的部分。他認爲，在「開
佛知見」與「示佛知見」之後，諸聞者對於佛陀開示的反應，即是屬於「悟
佛知見」。例如在卷三「圓彰七大即性周徧」後，經文描述阿難與大眾的反應
是：

> 爾時，阿難及諸大眾蒙佛如來微妙開示，身心蕩然，得無罣礙。是

理而言，前言「俱非」，此處自當相對而言「俱即」，故依宋、元、明校本作
「俱即」。

諸大眾，各各自知心遍十方；見十方空，如觀掌中所持葉物；一切
世間諸所有物，皆即菩提妙明元心；心精遍圓，含裹十方。……了
然自知，獲本妙心常住不滅。（《大正》19，頁 119）

在此所說的「各各自知心遍十方；見十方空，如觀掌中所持葉物；一切世間
諸所有物，皆即菩提妙明元心；心精遍圓，含裹十方」，以及「了然自知，獲
本妙心常住不滅」，其實都是對於「悟佛知見」的陳述。又如在佛陀對於富樓
那的提問加以開示後，阿難反倒對於「菩提不從因緣」（《大正》19，頁 121）
感到困惑。經佛陀的開導後，「阿難及諸大眾聞佛示誨，疑惑銷除，心悟實相」
（《大正》19，頁 122），眞鑑認爲這「心悟實相」的陳述，其實說的正是「悟
佛知見」。

　　至於「入佛知見」的部分，眞鑑認爲《楞嚴經》中也有所發明。他說：

至於入佛知見，雖亦約機，若連「欲令」二字讀之，兼是教意。斯
經三摩提之契入、禪那之修證，皆是欲令眾生入佛知見也。蓋悟人
守悟，不依方便從修證門，則終不得入故也，此是約教論入。若約
機入，則圓通偈終，聽眾進證等三位；結經名後，當機增位於二果，
是也。（《卍續》18，頁 285）

前文曾指出，眞鑑對於「開、示、悟、入」的屬性曾進行分類，認爲「前二
在教，後二在機」。因此，關於「入佛知見」，自然應屬「約機」而言。不過，
眞鑑認爲，除了有「約機」而言之意外，應該還兼帶有「教意」。這是他由「欲
令眾生入佛知見道故」的「欲令」二字推論而得，因爲「欲令」是「佛陀欲
令」，應該屬於「教意」。眞鑑的這項推論，自是合理。不過，若依此理而推，
則「悟佛知見」的部分，經文也是「欲令眾生悟佛知見故」，不知眞鑑卻何以
未就其「欲令」所兼帶的「教意」來加以發明？關於這個問題，在此暫且擱
置不論，僅就眞鑑對於「入佛知見」的發明來看，則可知其分爲兩方面來切
入。一是「約教論入」，另一則是「約機入」。所謂的「約教論入」，談論的自
是屬於「教意」的部分。眞鑑認爲，《楞嚴經》中有關「三摩提之契入、禪那
之修證」，都是「欲令」已悟之人能「依方便從修證門」而「入佛知見」。若
無此方便修證的「教意」，則徒然「守悟」，「入佛知見」實終不得入。而「約
機入」的部分，眞鑑則認爲，在文殊揀選二十五圓通「何方便門得易成就」（《大
正》19，頁 130）後，阿難與大眾的反應是「觀佛菩提及大涅槃，猶如有人因
事遠遊，未得歸還，明了其家所歸道路」（《大正》19，頁 131），以及接著所

說的「普會大眾天龍八部、有學二乘及諸一切新發心菩薩，其數凡有十恒河沙，皆得本心，遠塵離垢，獲法眼淨。性比丘尼聞說偈已，成阿羅漢。無量眾生，皆發無等等阿耨多羅三藐三菩提心」（《大正》19，頁 131），這些皆屬「約機」而言的「入佛知見」。此外，在「結經名後」，經文所指出的「即時阿難及諸大眾，得蒙如來開示密印般怛囉義，兼聞此經了義名目，頓悟禪那修進聖位、增上妙理，心慮虛凝，斷除三界修心六品微細煩惱」（《大正》19，頁 143），也是「約機」而言的「入佛知見」。

就以上眞鑑以《法華經》之「開、示、悟、入」為結構來詮釋《楞嚴經》的部分來看，確實《楞嚴經》全經的大部分，幾乎都可說是在進行「開、示、悟入佛知見」的工作。既然《楞嚴經》全經皆是在進行「開、示、悟、入佛知見」，而「佛知見」又是指涉根性，則《楞嚴經》之「捨識從根」，自然便是「的指知見」，明白指出《法華經》中「但題破名字，未暇的實詳指」的「佛知見」，即是眞鑑大加發明的根性。這便是眞鑑要在「的指知見」的最後，總結強調說：

> 是則如來知見，極於三藏圓融、四用交徹。究其性具實體，秖在眾生六根門頭，誠亦難信。無怪諸師於「指見是心」處，皆誤釋為破妄見也。佛為特指如來知見即是眾生根性，故說斯經。（《卍續》18，頁 285）

這「如來知見」，「究其性具實體，秖在眾生六根門頭」，「佛為特指如來知見即是眾生根性，故說斯經」，雖說是在發明二經義理，其實，眞鑑眞正的用意，是要藉由《法華經》的「開、示、悟、入佛知見」，來彰顯其所特別發明的「捨識從根」之說，以《法華經》來作為「捨識從根」一說之重要性的佐證。

第四節　「捨識從根」即為禪宗所言之「直指人心」

眞鑑對於「捨識從根」的發明，除了由《楞嚴經》的範疇中跨越到《法華經》之外，還跨越到禪宗，提出「捨識從根」即為禪宗所言之「直指人心」的主張。在前文探究「佛知見」處，即曾看到眞鑑對於「如來知見」的發明，指出其「秖在眾生六根門頭」，並說「於眾生現具六根中性指出如來知見，……單傳直指，亦密指於此而已」。所謂的「單傳直指」，指的正是以「教外別傳」、「直指人心」名世的禪宗。

　　關於《楞嚴經》與禪宗之間的關係，並不是到眞鑑時才大加發明〔註30〕。爲了能更清楚地認識眞鑑提出這項主張的獨見所在，有必要在探究其說之前，先稍就其前之人對於《楞嚴經》與「直指人心」二者關係的發明，略加考察。

壹、眞鑑之前發明《楞嚴經》與「直指人心」二者關係之舉隅

　　就《楞嚴經》與禪宗之間的關係而言，可謂十分密切，因爲自該經於唐代譯出後，禪門中人取之以發明心地者，所在多有〔註31〕，發明其義理者，也不在少數〔註32〕。茲略舉就《楞嚴經》與禪宗「直指人心」之說的關係加以發明者數隅，以見其梗概。如五代時法眼宗三祖的永明延壽，在其百卷《宗鏡錄》中，即曾略微發明此事。他說：

> 慶喜執而無據，七處茫然；二祖了而不生，一言契道。則二祖求此緣慮不安之心不得，即知眞心遍一切處，悟此爲宗，遂乃最初紹於祖位；阿難因如來推破妄心，乃至於五陰、六入、十二處、十八界、七大性，一一微細窮詰，徹底唯空，皆無自性。既非因緣自他和合而有，又非自然無因而生，悉是意言識想分別。因茲豁悟妙明眞心廣大含容、遍一切處，即與大眾俱達此心，同聲讚佛。故《經》云：「爾時，阿難及諸大眾蒙佛如來微妙開示，身心蕩然，得無罣礙。是諸大眾，各各自知心遍十方；見十方空，如觀手中所持葉物；一切世間諸所有物，皆即菩提妙明元心；心精遍圓，含裹（筆者案：當爲「裹」）十方。……了然自知，獲本妙心常住不滅。……說偈讚

〔註30〕有關《楞嚴經》與禪宗的關係，詳見〔韓〕崔昌植《敦煌本《楞嚴經》の研究》，頁264～267；〔日〕高峯了州《《首楞嚴經》の思想史的研究序説》，《龍谷大學論集》第3卷第348號，1954年12月，頁65、74～75；李治華〈《楞嚴經》與中國宗派〉，《中華佛學研究》第2期，1998年，頁208～210；〔日〕大松博典〈《首楞嚴經》の研究〉，《印度學佛教學研究》第39卷第2號，1991年3月，頁132～133；大松博典〈宋代における《首楞嚴經》受容の問題點〉，《駒澤大學禪研究所年報》第8號，1997年3月，頁142。

〔註31〕詳見果濱《楞嚴經聖賢錄》（上）（臺北：萬卷樓圖書股份有限公司，2007年），頁131～216。

〔註32〕李治華曾指出，在各宗派對於《楞嚴經》的注疏中，以禪宗系統的注疏爲最多，「共佔此經註家的四分之一強，冠於諸宗」。有關禪宗與《楞嚴經》的關涉，詳見李治華《《楞嚴經》哲學之研究》（臺北：輔仁大學哲學研究所碩士論文，1994年），頁37～39。

　　佛：『妙湛總持不動尊，首楞嚴王世希有！消我億劫顚倒想，不歷僧

　　祇獲法身。』」即同初祖直指人心，見性成佛。（《大正》48，頁431）

在此，永明延壽以禪宗二祖惠可（筆者案：一作「慧可」）之「求此緣慮不安

之心不得」，而悟「眞心遍一切處」的公案〔註33〕，同於《楞嚴經》中阿難之

「因如來推破妄心」，而「豁悟妙明眞心廣大含容、遍一切處」，並徵引《楞

嚴經》經文描述阿難與大眾各各自悟的內容，來指出其同於「初祖直指人心，

見性成佛」。

　　又如撰作遭到眞鑑大加批評之《會解》的天如惟則，在其〈與受業寺昱

藏主〉一信中，曾有「適《楞嚴會解》刊成，聊寄一部留之觀山公界披閱。

此經直指人心，備談禪旨，故禪者視如契券」（《卍續》122，頁946）之語。

就惟則的這段話語來看，可知其也曾約略點出《楞嚴經》中，確有「直指人

心」之處，因此才會受到禪門中人的重視。而同時代的另一部著作《萬松老

人評唱天童覺和尚頌古從容庵錄》，對此則有較詳的發明。該書在評唱「第四

十三則：羅山起滅」（《大正》48，頁254）的公案時〔註34〕，曾有以下的說法：

　　祖師西來，直指人心，見性成佛。豈是教爾普州人送賊，認奴作郞

　　來？羅山問處迷眞執妄，嚴頭咄處即妄即眞。若是萬松，咄了便休，

　　眞妄向上有事在。《楞嚴經》：「阿難言：『如來見今徵心所在，而我

　　以心推窮尋逐，即能推者我將爲心。』佛言：『咄！阿難，此非汝心。』

　　阿難矍然，避座，合掌起立，白佛：『此非我心，當名何等？』佛告

　　阿難：『此是前塵虛妄相想，惑汝眞性。由汝無始至于今生認賊爲子，

　　失汝元常，故受輪轉。』」此喝，如金剛王寶劍也；嚴頭一喝，如踞

　　地師子全威大用不欺之力。（《大正》48，頁255）

在此，藉阿難之惑於「前塵虛妄相想」，來發明「羅山問處迷眞執妄」，而「嚴

頭咄處」之「即妄即眞」，則是發明禪宗之「直指人心」，並且與《楞嚴經》

中佛陀對阿難之咄，有異曲同工之妙。

　　又如元代《佛祖歷代通載》中所載的黃龍寶覺禪師，也曾就禪宗的「直

────────────

〔註33〕《景德傳燈錄》中，曾載有惠可開悟的經過：「光（筆者案：惠可舊名神光）

　　　　曰：『諸佛法印可得聞乎？』師（筆者案：即達磨）曰：『諸佛法印匪從人得。』

　　　　光曰：『我心未寧，乞師與安。』師曰：『將心來，與汝安。』曰：『覓心了不

　　　　可得！』師曰：『我與汝安心竟。』」（《大正》51，頁219）

〔註34〕「羅山起滅」的公案是：「舉：羅山問嚴頭：『起滅不停時，如何？』頭咄云：

　　　　『是誰起滅？』」（《大正》48，頁254）

指人心」與《楞嚴經》相互發明。他說：

> 達磨西來，直指人心，見性成佛，亦復如是。眞性既因文字而顯，
> 要在自己親見。若能親見，便能了知目前是眞是妄、是生是死。既
> 能了知眞妄生死，返觀一切語言文字，皆是表顯之說，都無實義。
> 如今不了，病在甚處？病在見聞覺知爲不如實知眞際所詣，認此見
> 聞覺知爲自所見。殊不知此見聞覺知，皆因前塵而有分別；若無前
> 塵境界，即此見聞覺知，還同龜毛兔角，並無所歸。（《大正》49，
> 頁 678）

在此強調了「直指人心」，「要在自己親見」，便能「了知眞妄生死」。而如今
不了的關鍵，便出在《楞嚴經》中所說的「見聞覺知爲不如實知眞際所詣」，
而誤認「此見聞覺知爲自所見」。實則這誤認爲眞性的「見聞覺知」，只是與
前塵分別俱起的妄心而已。

　　上舉諸例，都還只是吉光片羽的發明而已。到了明代，則更有對於《楞
嚴經》全經的詮釋皆以禪宗來發明者，即《楞嚴經宗通》一書。在該書首的
〈《楞嚴宗通》緣起〉（《卍續》25，頁1）一文中，曾有如下的說法：

> 諸宗師出詞吐氣接引初機，語意多似《楞嚴》。至發明向上，證入菩
> 提，則與二十五圓通機緣無異。即不誦《楞嚴》，而《楞嚴》具在；
> 即《楞嚴》不至此土，而此土未始無《楞嚴》也。余（筆者案：即
> 曾鳳儀）不自揆，徧採宗語配合經文之後，或與暗符，或與互見，
> 或推衍其意，或發所未發。念之所到，隨取隨足，余亦不自知其湊
> 泊一至於此，豈天地間合有此種議論？而余多生夙願，固欲藉是宣
> 《楞嚴》之義耶？是借諸老宿以明經，而非以我明經也；抑即宗以
> 明經，而非以文字見解明經也，遂名之曰「宗通」。（《卍續》25，頁
> 1）

依此說可知，《楞嚴經》與禪宗在「接引初機」時的「語意」，多有相似，而
在發明證入的機緣方面，禪宗也與《楞嚴經》中二十五圓通「無異」。因此，
在曾鳳儀看來，二者幾乎可以完全劃上等號，而有「即《楞嚴》不至此土，
而此土未始無《楞嚴》」的說法。曾氏這種「徧採宗語配合經文之後」，正是
「即宗以明經」，以禪宗來發明《楞嚴經》中的義理。

　　就以上諸例來看，雖然多曾有對於「直指人心」與《楞嚴經》的關係相
互發明之處，卻也都並未明確地就學人眼前的具體之處來明白指出。換言之，

雖然都就《楞嚴經》點出了禪宗「先須知有」〔註35〕的觀念，卻也都並未加以說破，點到即止，這應該都還是依循禪宗重在「不說破」〔註36〕，要人「自己親見」的原則。然而，眞鑑的作法，卻大異於前人。其明白標出《楞嚴經》中的「捨識從根」即爲「直指人心」，具體地就眼前的六根中性加以明白指出，認爲「祕之何益？不如道破」（《卍續》18，頁304），而對此作出獨家的發明。其發明，主要見諸《正脉疏懸示》之「直指人心」（《卍續》18，頁291）的單元。究竟眞鑑是如何作出異於前人的發明？以下將對此進行探究。

貳、以《楞嚴經》之明示根性來詮釋禪宗的「直指人心」

眞鑑在《正脉疏懸示》的「直指人心」中，其對於「直指人心」的發明，主要是由兩個方面入手。一方面，他就方法——即「直指」的部分，來彰顯出《楞嚴經》中也有採用這種相同方法之處。另一方面，則就「直指」的標的——即「人心」的部分，來揭示出其所獨家發明的「根性」，即爲禪宗直指之心。最後，更藉此發明「直指人心」的機會，大彰其《楞嚴經》全經爲「純指人心」的說法。以下將依其詮釋開展的進程進行考察。

一、直指與曲指分屬於宗與教二門

眞鑑以《楞嚴經》來發明禪宗的「直指人心」之說，其首先所做的，是對於「直指」進行界定。在界定「直指」之初，眞鑑並不直接切入其意涵進行探究，而是先說「良以吾釋號萬法惟心之宗，雙開宗、教二門接引羣品，令悟一心而成道，意無不同」（《卍續》18，頁 291）。這開宗明義，明白指出

〔註35〕《宗鏡錄》中說：「若宗門中，從上亦云：『先須知有，然後保任。』」（《大正》48，頁653）

〔註36〕關於禪宗之重視「不說破」，茲略舉諸例如下。《瑞州洞山良价禪師語錄》中載：「師因雲巖諱日營齋。僧……云：『和尚初見南泉，爲甚麼却與雲巖設齋？』師云：『我不重先師道德佛法，祇重他不爲我說破。』」（《大正》47，頁520）《潭州溈山靈祐禪師語錄》中載：「師一日問香嚴：『我聞汝在百丈先師處，問一答十，問十答百。此是汝聰明靈利，意解識想，生死根本。父母未生時，試道一句看！』香嚴被問，直得茫然歸寮，將平日看過底文字，從頭要尋一句酬對，竟不能得。乃自嘆云：『畫餅不可充饑！』屢乞師說破。師云：『我若說似汝，汝已後罵我去！我說底是我底，終不干汝事。』香嚴遂將平昔所看文字燒却，云：『此生不學佛法也。』……乃辭師。……一日芟除草木，偶拋瓦礫，擊竹作聲，忽然省悟。遽歸，沐浴焚香，遙禮師云：『和尚大慈！恩逾父母。當時若爲我說破，何有今日之事？』」（《大正》47，頁580）《博山參禪警語》中載：「做工夫，不得求人說破。若說破，終是別人底，與自己沒相干。」（《卍續》112，頁954）

了宗與教二者，是處於平等的地位，都只是「接引羣品」的方法而已，並不會因為方法的不同，而造成不同的結果，「宗、教二門」的目的，都是在「令悟一心而成道」，二門的用意實無不同。推敲眞鑑不逕就「直指」進行發明，而先指出這宗、教平等、「意無不同」的用意，應該是為了解決宗優於教這種相沿成習的看法。在宋代智昭的《人天眼目》中，即曾有如下的一段文字：

> 南堂示眾云：「夫參學至要，不出簡最初與末後句。透得過者，平生事畢。其或未然，更與爾分作十門，各用印證自心，看得穩當也未。
> 一、須信有教外別傳。二、須知有教外別傳。」（《大正》48，頁311）

依這參學「十門」來看，首要之務，竟都與教門經典無關，而是必須先信、先知有「教外別傳」。這種特別將宗門區隔於「教外」、強調「別傳」的作法，其實原只是宗門作育的一種手法，不料流傳到後來，便產生了一類宗優於教、以廢經不觀為是的偏見。即便時代稍後於眞鑑的智旭，在其自撰的《楞嚴經文句》「後序」中，仍能反映出當時的這種看法流行之廣、之烈：「痛茲末世宗、教分河，盡謂別傳實在教外，孰知教內自有眞傳！」（《卍續》20，頁759）如果「別傳」眞的是「盡」在教外，則自然會造成一種後果，那就是教內所傳的經典，是否眞的具有可觀之處？就這一點回過頭來看，眞鑑先由強調宗、教平等入手，應該便是為了先給予其即將發明的、屬於教的《楞嚴經》與宗同等的地位，避免讀者因宗優於教的偏見，而漠視了其對於《楞嚴經》的發明。

眞鑑在標出宗、教平等，「意無不同」後，便提問說：「夫何直指人心猶屬宗門，意顯教家為曲指也？」（《卍續》18，頁291）由此而開展其對於直指與曲指的界定。所謂「曲指」，依眞鑑之說是：

> 夫曲指則必假言詮，廣列義相，備明理事眞妄，詳開次第圓融，令人尋言生解，轉悟於心。縱有無言放光等事，皆可詮表註釋，亦同有言也。如佛說《華嚴》等一切權實法門，而菩薩等各隨淺深悟解者，是也。（《卍續》18，頁291）

在此所界定的「曲指」，其主要特點，在於「必假言詮，廣列義相，備明理事眞妄，詳開次第圓融」。這指出了其在形式上，是「必假言詮」，是藉由語言文字為媒介來說解其意涵。雖然說「曲指」在形式上「必假言詮」，不過，經典中仍有不少非關「言詮」的部分，也就是眞鑑在此所說的「無言放光等事」。關於這些部分，眞鑑認為，雖然並非「言詮」，卻也都是表法，「皆可詮表註

釋」，因此，在他看來，「亦同有言」，也歸屬於「曲指」之中。而在內容方面，「曲指」則會廣泛而詳細地闡明理論上的「理事眞妄」，以及實踐上的具體施行步驟。以上是就「曲指」本身來說明其特點，而「令人尋言生解，轉悟於心」，則是就「曲指」在實際作用於學人的方面而言。這方面，則可以看出「曲指」作用的進程，是由「尋言」而進至「生解」，再由「生解」進至「心悟」。「曲指」的「曲」，便是就這過程的迂迴而言。雖然過程迂迴，在眞鑑看來，卻並不會影響到目的的眞實性。關於「曲指」的範例，眞鑑是以經典中所明載的，佛陀所詳細開闡的「一切權實法門」，以及聽眾因聞此而「各隨淺深悟解」的情況來作爲說明。

　　相對於「曲指」，則是所謂的「直指」。眞鑑對於「直指」的界定是：

> 直指則多離言詮，玄示玄提，一錐一箚，石火電光，瞬目便過，終不與人說破。但令當機不涉言詞，自於身中親自見得，便是入手時節。縱有一言半語施設，要須言外知歸，非取名味，亦同無言也。如佛末後拈華，了無言說，而大迦葉破顏獨領者，是也。（《卍續》18，頁291）

依此界定，「直指」主要的特點，是「多離言詮，玄示玄提，一錐一箚，石火電光，瞬目便過，終不與人說破」。這說明了「直指」在形式上，幾乎很少使用言語來進行詮釋。雖然「多離言詮」，卻並不表示其在形式上的匱乏。相反地，其形式似乎較「言詮」的方式更爲豐富。在此所說的「玄示玄提，一錐一箚」，至少便說明了其形式並非如「言詮」般只有一種。然而，其形式中的「玄示玄提」，不也曾有使用言語的情況嗎？關於這部分，眞鑑認爲，即便偶有使用言語，也並不是要以言語來說解，而是重在「言外知歸，非取名味」。換言之，言語在此的作用，不是如「曲指」般地解說，反倒是如「一錐一箚」般，因此，在眞鑑看來，雖是有言，仍同無言。而也因爲其形式不在於進行詳細解說，所以其過程的特色，便是「石火電光，瞬目便過」。而在內容方面，由於「直指」是「終不與人說破」，則在表面上，實無法窺見其內容。也因爲「直指」是「終不與人說破」，其作用於學人時，便是「但令當機不涉言詞，自於身中親自見得，便是入手時節」，絲毫沒有如「曲指」般迂迴的過程，「直指」之「直」，便是就此直下親見而言。關於「直指」的範例，眞鑑則是以佛陀拈華，「了無言說」，迦葉微笑而獨得「正法眼藏」的公案作爲說明。

　　在分別界定「直指」與「曲指」後，眞鑑得出的結論是：「是宗則一味離

言，教則一味用言，故直指獨屬宗門而不屬教也」（《卍續》18，頁 291）。這是以「離言」與「用言」來區別宗與教，而將「直指」完全歸屬於宗門，指出其不屬於教下，將宗與教、直指與曲指，作出截然的二分。茲以表格方式呈現於下：

宗	教
直 指	曲 指
多離言詮，玄示玄提，一錐一剳，石火電光，瞬目便過，終不與人說破。	必假言詮，廣列義相，備明理事眞妄，詳開次第圓融。
但令當機不涉言詞，自於身中親自見得，便是入手時節。	令人尋言生解，轉悟於心。
縱有一言半語施設，要須言外知歸，非取名味，亦同無言也。	縱有無言放光等事，皆可詮表註釋，亦同有言也。
如佛末後拈華，了無言說，而大迦葉破顏獨領。	如佛說《華嚴》等一切權實法門，而菩薩等各隨淺深悟解。
一味離言。	一味用言。

二、《楞嚴經》雙兼直、曲二指，有直指人心之處

前文指出，眞鑑在對於直指與曲指進行界定之前，曾先提問說「夫何直指人心猶屬宗門，意顯教家爲曲指也」，這似乎意味著宗與教、直指與曲指二者是截然二分的情況。而依其界定後的結果來看，曲指與直指、教與宗之間的關係，確實也似乎是截然二分。然而，值得留意的是，關於「意顯教家爲曲指也」的說法，眞鑑是以疑問的方式提出。何以如此？這應該是因爲他發現到教家未必是「只有」曲指的方式，而這背後的意涵則是：直指因此也並不只是專屬於宗門。眞鑑的發現，便是來自於其對於《楞嚴經》的解讀。他在界定完成宗、教二門與直、曲二指的關係後，緊接著所提出的，便是他即將大加發明的《楞嚴經》中具有「直指人心」之說。他說：「今斯經雙兼直、曲二指，非一於純用言詮，故有直指人心之處，不可屈抑之而不加表顯也。」（《卍續》18，頁 291）在此，眞鑑明白提出了《楞嚴經》是「雙兼直、曲二指」。這「雙兼直、曲二指」的提出，重點並不在於曲指的部分，因爲《楞嚴經》原本便是與其他經典一般，是屬於教門，是具有曲指的方式。眞鑑提出這「雙兼直、曲二指」的眞正重點，其實是在「直指」的部分。他認爲，既然《楞嚴經》有「直指」的部分，便不能忽視了這方面的特色。

既然提出其主張，便必須加以論證。因此，眞鑑在提出《楞嚴經》是「雙

兼直、曲二指」後，緊接著便就《楞嚴經》中有關「直指」的部分舉例說明。而就他僅就「直指」的部分舉例說明來看，也可以證明其雖提出「雙兼直、曲二指」，其實用意是側重在「直指」的方面。

　　《楞嚴經》中有關「直指人心」的部分，眞鑑首先指出的是：「彼於徵破妄心之後，阿難求示妙明心時，此正索要眞心之處，意同神光求達摩安心時節。」（《卍續》18，頁 291）眞鑑認爲，在阿難的妄心被佛陀破至極處後，已知要捨妄求眞，這正要求眞，即「求示妙明心」時，其實是與禪宗二祖惠可因心不安，而向初祖達摩尋求安心時的用意相同。不過，這畢竟只能說是在問題上相同而已。如果經文由此之後的開展模式，是採取「廣列言詮，表顯義門：或舉三大，或陳四德；表顯相狀：或說同於虛空，或說周於沙界」（《卍續》18，頁 291）的方式，則在眞鑑看來，仍舊是「令人懸空想像、高推佛有，終不知我今現前身中何者即是」（《卍續》18，頁 291），則應該仍只能歸類於曲指，不能強詞奪理地硬說是直指。然而，經文的開展模式卻並非如此。眞鑑先就首番顯見的經文來指出。他說：

　　今佛也不列義門，也不談相狀，就於阿難現前身中六根門頭，指出眼中見性是心非眼，分明說與此即眞心，不可更迷爲眼根也。然猶似口行人事。（《卍續》18，頁 291）

所謂「不列義門」、「不談相狀」，說明的便是經文並非採取曲指的方式。經文中所採取的方式，是明明白白地針對阿難現前的「六根門頭」，來直接指出眼中見性即是其所要求示的妙明眞心。這種方式，實已與曲指詳加解說的方式大相逕庭。只不過，由於是「分明說與」，似乎仍是有所說明，所以眞鑑才會說「猶似口行人事」，亦即在阿難的立場，仍然並未「自於身中親自見得」。

　　依眞鑑的看法，其實首番顯見的經文，已經不是採取曲指的方式，而是明白指出，只不過阿難並未親悟，經文中只能看到佛陀「分明說與」的話語，因此，似乎與宗門直指仍有一段距離。不過，當經文進展到第二番的顯見時，直指人心的方式，幾乎已與宗門中所採取的方式並無二致。眞鑑的解說是：

　　至於次科顯其不動，則屈指開合、飛光左右，審問阿難，令分動靜。阿難此時，分明於自身中見得有本具不動之妙性，元與搖動之身、境了不相干，故隨即滿口承當動、靜二皆不屬，更無疑滯。夫如來屈指、飛光，已離言詮而示；阿難親見不動，已離思惟而領。（《卍續》18，頁 291）

在眞鑑看來，第二番「示見不動」的經文中，佛陀以屈指與飛光的方式來審問阿難動靜之別，這已經是「離言詮而示」，並不就動靜的問題詳加分析開演。而阿難也在佛陀審問的當下，「分明於自身中見得有本具不動之妙性，元與搖動之身、境了不相干」。其「隨即滿口承當動、靜二皆不屬」的反應，已經是屬於「離思惟而領」的「親見不動」。就這部分來看，其實可說是大同於宗門的直指人心。既是如此，何以不曾有如此的說法？眞鑑的解釋是：「但如來多却分明審問令分動靜，阿難多却分明說見雙離動靜。是皆兼於曲指、曲領，故令人昧却同宗之妙用、直指之玄機。」（《卍續》18，頁291）這說明了第二番「示見不動」的經文，雖然有直指人心之處，不過，經文畢竟仍有「明言」、「兼於曲指、曲領」的部分，也就是在此所說的「如來多却分明審問令分動靜，阿難多却分明說見雙離動靜」。這些畢竟仍屬解說。因爲這部分可說是「雙兼直、曲二指」，與宗門單純地採用直指的方式略有出入，才容易令人忽略《楞嚴經》也有的「直指人心」之處。眞鑑進一步說：「向使如來但屈指、飛光而不形審問，阿難即禮拜默領而不更說破，管取人天百萬不知下落，則何異於拈華微笑耶？」（《卍續》18，頁291～292）眞鑑將佛陀的「審問」與阿難的「說破」加以排除，則第二番「示見不動」的經文，其「直指人心」的部分，確實就突顯出來，可說是與禪宗由來之「拈華微笑」的公案殊無二致。眞鑑正是以此來提出其《楞嚴經》雙兼直、曲二指，有直指人心之處的獨家發明。

三、辯《楞嚴經》之根性即爲禪宗直指之心

就眞鑑前面所言，其實比較可以確知的，是屬於「直指」的部分。至於「人心」方面，似乎並未多作論證。如果僅以此便直接要將《楞嚴經》與禪宗的「直指人心」劃上等號，似乎過於簡略，容易遭受到質疑。這質疑，便是在禪宗中所言的「人心」，其爲《楞嚴經》中所指涉的何者？關於這點，必須有所答覆。因此，眞鑑在論證《楞嚴經》中有同於禪宗的「直指」後，接著發明的，便是有關「人心」的部分。

關於「人心」的部分，眞鑑以設問的方式來處理。他的提問是：

> 或曰：宗師所示，決是純眞無妄之心，統攝無餘之體。今茲見性，佛自明言「雖非妙精明心，如第二月」，豈即純眞？而況偏局眞根，不該萬相，豈成全體？若是，則非即宗門所示之心。顧謂直指人心，未敢聞命也。（《卍續》18，頁292）

在此所說的「宗師所示，決是純眞無妄之心，統攝無餘之體」，便是對於禪宗所直指的「人心」進行界定。依此界定，禪宗直指的「人心」，指的是「純眞無妄之心」，而此心體的涵蓋範圍，則是「統攝無餘」。相對於此，「今茲見性」，則是就《楞嚴經》而言。就難問的關鍵來看，認爲《楞嚴經》所言的根性，有兩方面與禪宗直指的「人心」有所出入。一方面，《楞嚴經》中有「第二月」之說，則豈非意味著經中所言的見性，並非如禪宗直指般之爲純眞之心？另一方面，即便經中所言爲眞，卻也只是「偏局眞根，不該萬相」，不同於禪宗直指心體之「統攝無餘」。

上述的難問，著眼於見性非純眞，以及其「偏局眞根，不該萬相」兩方面，來質疑《楞嚴經》所言的根性，恐非禪宗直指的「人心」。對此，眞鑑的處理，是依序來分別解說。首先，是有關見性非純眞的問題。對此，眞鑑是以離此見性無別眞來處理。他說：

> 夫佛言雖非妙精明心者，但表眾生分上眞妄和合、精明未妙，非謂
> 離此別有妙精明也。觀其喻第二月，足顯非是二體，但多一捏影而
> 已。理實惟佛具妙精明，自佛以下，皆同具此眞妄和合之心。何況
> 一切初心離此，憑何指示乎？（《卍續》18，頁 292）

眞鑑指出，經文所說的「雖非妙精明心」，只是就眾生的角度而言其「眞妄和合」而已，卻並非意味著「離此別有」純眞的「妙精明」。他認爲「第二月」之喻，正足以證明了這「非是二體」的關鍵。而眞要說純眞，眞鑑則認爲，只有佛才能說是達到純眞的境地。換言之，除佛以外，都是「眞妄和合之心」。眞鑑如此的解說，意味著以純眞來作爲評判的標準並不適宜，因此，即便見性是眞妄和合，也可等同於禪宗直指的「人心」。而也因爲除佛以外，都是「眞妄和合之心」，所以要對其指點揭示時，尤其是對初心者而言，眞鑑認爲，離此「眞妄和合之心」，「憑何指示」，實在無法予以指出。因此，關於見性非純眞的問題，眞鑑的看法，是認爲純眞即在「眞妄和合之心」中，而初心也必須由此來指示，自然可說是同於禪宗所直指的人心。

眞鑑如此的說解，似乎解決了問題，其實，反而因此造成了一項困難，亦即既然只有佛才是純眞之心，餘人皆爲眞妄和合，則接受禪宗祖師「直指人心」者，其受到「直指」之「人心」，又如何能夠是眞鑑前文所界定的「決是純眞無妄之心」呢〔註37〕？而如果禪宗祖師們的「直指人心」，眞的都是「直

〔註37〕關於禪宗「直指人心」的「人心」，其是否爲純眞無妄之心的問題，前人曾有

指」學人的「純眞無妄之心」，則是否又意味著禪宗的直指優於《楞嚴經》之揭示根性呢？關於見性非純眞之質疑的處理，眞鑑似乎並未意識到其解說中所造成的困難之處〔註38〕。

　　眞鑑在處理完見性非純眞的質疑後，接著解決的是見性「偏局眞根，不該萬相」的質疑。關於這部分，可說是眞鑑的獨家發明，即前文所提及的見

不同的看法。如前文所徵引的永明延壽對於「直指人心」的解讀，不論是二祖的公案，或是《楞嚴經》中佛陀對於阿難的施教，就《宗鏡錄》中的詮釋角度來看，似乎都是由推破妄心之不可得來切入。關於延壽的詮釋，可參見孫勁松〈永明延壽的眞心妄心說〉，《佛教研究》第3期，2009年，頁80～81。又如與眞鑑同時的傳燈，其對於「直指人心」的解讀，便與眞鑑所言大不相同。傳燈認爲，禪宗的「直指人心」，指的是第六識心。他在《楞嚴經圓通疏前茅》中說：

　　諸經與諸祖入道用境各有不同。如達磨之直指人心，六識心也。二祖云：「我心未安，乞師爲我安心。」祖云：「將心來，吾爲汝安。」二祖曰：「覓心了不可得！」祖云：「吾爲汝（安心）竟。」若曰別有心法，又何謂之直指人心乎。（《卍續》89，頁507～508）

依傳燈的思路所詮釋的「直指人心」，是直指妄心，直指二祖「未安」之心「了不可得」。而妄心既不可得，又有何「未安」可言？因此而說「安心竟」。在傳燈看來，達磨並未爲二祖另外指出一顆心。他認爲，如果在二祖「未安」之心以外「別有心法」，則既然是就妄心而指，然後再別予一心，如此輾轉迂迴的作法，如何能稱的上是「直指人心」呢？除了就「直指人心」加以詮釋外，傳燈還進一步比較禪宗、天台宗與《楞嚴經》三者的同異之處。他說：

　　要知三家一以惟識爲宗：達磨，密用惟識者也；天台，巧用惟識者也；《楞嚴》，明用惟識者也。……又復應知：用識，有破而不立者，《楞嚴》與禪宗是也；有即破即立、即立即破者，天台是也。（《卍續》89，頁508）

在傳燈看來，禪宗與《楞嚴經》，都是「以惟識爲宗」，二者之「用識」，都是「破而不立」的模式。如此的詮釋思路，顯然與眞鑑大不相同。本處論文，重在探究眞鑑的發明，因此，並不就傳燈的詮釋進行深究。不過，這畢竟是截然相反的詮釋，是十分值得探究的課題，他日當另行爲文探討。又如智旭在《楞嚴經文句》中，曾有如下的說法：

　　直指人心，見性成佛，正是指此現前一念介爾之心全眞在妄，全妄即眞。若捨却現前一念，別指空劫已前，則眞時無妄、妄時無眞：眞則本有今無、今無後有，妄則本無今有、今有後無，其爲戲論，甚矣！（《卍續》20，頁635）

關於智旭就此「現前一念介爾之心」的說法，可參見岩城英規〈智旭と山外派——《首楞嚴經》解釋に見る連續性と非連續性〉，《印度學佛教學研究》第50卷第2號，2002年3月1日，頁110～111。

〔註38〕會造成這項困難，關鍵應該是出在眞鑑對於見性與見精二者的混淆所致。詳見前文。

性通於藏性之說。眞鑑說：

> 此性近具根中，而遠爲四科、七大之體，以至三如來藏亦不外。是
> 經既呼爲菩提涅槃元清淨體，則何異於正法眼藏涅槃妙心？誰謂偏
> 局眼根而不該萬相乎？（《卍續》18，頁 292）

雖然眞鑑的答覆頗爲簡略，卻足以切中肯綮，這是因爲他貫通了見性通於藏
性的這條理路。而既然見性可以「遠爲四科、七大之體」，則又豈會有「偏局
眞根，不該萬相」的問題呢？因此，在他看來，《楞嚴經》中所宣說的「菩提
涅槃元清淨體」，其實正是禪宗祖師相傳的「正法眼藏涅槃妙心」。

　　眞鑑在處理完難問中的兩項質疑後，並未就此結束。而是就其所獨家發
明的《楞嚴經》中的根性，來與禪宗相會通。他說：

> 聖性雖云通十八界，而塵爲根影，識又塵影，獨六根之性乃爲實體，
> 故宗家門庭雖別，而所示多不出於六根門頭。如二祖初悟，謂了了
> 常知，從意根入也；豎指、伸拳，密澄其見也；棒從忍痛，發覺身
> 根也；喝至耳聾，令從聞入也。是雖變態無端而究，實令眾生自於
> 身中親切見性，其得於見聞覺知之根者，良多也。（《卍續》18，頁
> 292）

所謂「聖性雖云通十八界，而塵爲根影，識又塵影，獨六根之性乃爲實體」，
這是要強調其所抉發的根性，優於其他由識或是由塵而修入者。而這項根性
爲優的發明，並不只是《楞嚴經》的主張。依眞鑑的考察，認爲禪宗指示的
方法，不論其門庭有何不同，「所示多不出於六根門頭」，這可說是與《楞嚴
經》不謀而合〔註39〕。他舉出禪宗中的各種發悟方式爲例證，雖然有的是以
言語，有的是以「豎指、伸拳」，有的是以「棒從忍痛」，有的是以「喝至耳
聾」，方法看似千變萬化，無有定法，其實，加以歸納起來，不外從意根而入、
眼根而入、身根而入、耳根而入，都是由「見聞覺知之根」來令學人「自於
身中親切見性」。眞鑑這以禪宗多於六根門頭指示的方式，來與《楞嚴經》之
根性相會通，可說是他的一項重要發明。而這樣的發明，其實，是要藉禪宗
來彰顯其所發明的根性。這由他接著所說的即可看得出來。他說：

> 良由眾生從無始來，已將清淨純眞之心迷成十八界相，而實體宛在
> 根中。如金在鑛，初不相離。何處更有純眞之心？若捨根性而指心，

〔註39〕關於《楞嚴經》與禪宗在這方面的相互發明，可以參見釋覺華《臨濟禪法之
　　　　研究──以《楞嚴經》之詮釋爲主》。

猶捨鑛而尋金，非善示眾生之性者也。(《卍續》18，頁 292）

眞鑑在會通禪宗與《楞嚴經》之根性後所強調的，是「清淨純眞之心」其「實體」因眾生之迷而「宛在根中」，以及「捨根性而指心」是「非善示眾生之性」，這其實都是在凸顯其由根指心的主張，確實是十分珍貴而重要的發明。

在對於《楞嚴經》的根性即禪宗直指之心的主張進行辯證後，眞鑑將此主張與前面所提出的《楞嚴經》雙兼直、曲二指之說，進行綜合發明。他先就宗與教個別解說，指出「宗家示而不說，務令自悟，斯則別為一類之機，要從此無言得入者也」(《卍續》18，頁 292），以及「教家說而不示，令依言解，斯則亦別為一類之機，要從有言得入者也」(《卍續》18，頁 292）。不論是宗家的「示而不說，務令自悟」與「從無言得入」，或是教家的「說而不示，令依言解」與「從有言得入」，都只是各有所偏，「別為一類之機」。換言之，宗與教在接引眾生方面，皆不具有普遍的可行性，而只是片面可行。眞鑑指出這點，其實，已不只是延續前來論證《楞嚴經》的明示根性等同於禪宗的直指人心而已，而更是藉此要來彰顯出《楞嚴經》的優越性已超越了宗與教。因為他接著說：

> 《楞嚴》兼示、兼說，既令親見，而又令從言加解。是乃普為羣機，慈悲特然，所謂落草之談也。豈惟是指見處為然哉？前示妄心，亦舉拳引推，令其現前，而後覿面喝之；後示聞性，乃敕擊鐘，令其親驗而後責之。此特雙取說、示，而有似宗門直指類爾！(《卍續》18，頁 292）

在此突顯出《楞嚴經》同時兼具了宗門之示與教家之說，兼具令人「親見」與「從言加解」的優點，而這兼具的優點，使得《楞嚴經》避免了宗與教在接引眾生方面那種「別為一類之機」的片面性，而具有「普為羣機，慈悲特然」這種普遍可行性的特點。眞鑑並補充說明《楞嚴經》中如宗門直指之處，其實並不只有「指見是心」之處而已。如在「十番顯見」之前的徵示推破妄心，以及後文之彰示聞性不滅，也都是以宗門直指的方式，或「舉拳引推」，或「乃敕擊鐘」，以此方式來「令其現前，而後覿面喝之」，或是「令其親驗而後責之」。這些也都是如宗門直指的方式，差別之處，則在於《楞嚴經》不只如此，而是「雙取說、示」，這便是《楞嚴經》優於宗門直指之處。

四、發明《楞嚴經》全經為「純指人心」

根據以上的考察，可知眞鑑發明了《楞嚴經》的「捨識從根」即為禪宗

的「直指人心」，不過，眞鑑的論述，並不僅止於此。前文已指出，眞鑑不只是要論證《楞嚴經》的明示根性等同於禪宗的直指人心而已，而更是藉此要來彰顯出《楞嚴經》的優越性超越了宗與教。換言之，其發明的眞意、關注的眞正焦點，其實是在《楞嚴經》本身。因此，在論證完成《楞嚴經》的「捨識從根」即爲禪宗的「直指人心」後，他延續「直指人心」的主題，進一步專就《楞嚴經》來進行闡述，指出全經「始終純指人心，無別餘事」。他說：「若併論言詮心性，則斯經始終純指人心，無別餘事。」（《卍續》18，頁 292）前文指出，眞鑑提出了《楞嚴經》雙兼直、曲二指之說，並特別針對直指的方面大加發明。就這樣的作法來看，似乎忽略了《楞嚴經》曲指的方面。當然，因爲主題是關注在與禪宗直指的發明上，所以不言曲指便似乎理所當然。然而，眞鑑的作法卻並非如此。在此所即將闡述的「純指人心」的部分，由其所說的「併論言詮心性」來看，即可知是就「言詮」的方面而論，這正是屬於曲指的部分。而由眞鑑本來是在論證直指，卻又在論證直指後大加闡述曲指的作法，也可以證明前文所言的，其發明的眞意、關注的眞正焦點，其實是在《楞嚴經》本身的這項論點。

那麼，在眞鑑看來，《楞嚴經》是如何「始終純指人心」呢？對此，他根據經文開展的過程來一一舉例爲說。他說：

> 阿難最初請妙奢摩他等，求定力也。佛不直談定力，而即破妄心，以指眞心，顯眞心即大定之全體也。滿慈次問生續性相，辯萬法也。佛不但說萬法，而與談心生滅門及如來藏心，顯萬法即一心之大用也。及其說契入也，則選以聞根，助以心呪，示心之顯、密相資也。說歷位也，則本以類生，轉成聖位，示心之染、淨相翻也。敘七趣，而表其根於心之內分、外分。辯五魔，則明其由於心之邪解、邪悟。他如餘經談世界生起也，多言起於增上業力，則人謂感雖由己，而體終心外物爾！斯經則明風即心之生搖，地即心之立礙等。既離心了無一法，悟法豈不全空？餘經談地獄三塗也，多但歸於惡業招感，則人謂招雖在我，而設立有鬼神爾！斯經則言火即婬心之研磨，冰即貪心之吸縮等。唯心更非他造，轉心豈不即無？（《卍續》18，頁 292～293）

眞鑑在此所舉的例證，可以分爲八個單元來看。首先，是經文開頭處，即阿難因摩登伽女之難而爲文殊師利提獎歸來時，向佛陀「殷勤啓請十方如來得

成菩提，妙奢摩他、三摩、禪那，最初方便」（《大正》19，頁 106）的部分。關於這部分，眞鑑指出，阿難的用意，是要向佛陀「求定力」。然而佛陀的處理方式，卻是不直接就「定力」的主題來申說，而是爲阿難「破妄心」與「指眞心」。這項作法，其實，正是就眞心來彰顯出楞嚴大定之全體。眞鑑所舉的第二個例證，是接續阿難之後，由富樓那所提問的「若復世間一切根、塵、陰、處、界等，皆如來藏清淨本然，云何忽生山河大地諸有爲相？次第遷流，終而復始」（《大正》19，頁 119），這有關萬法生起與遷流循環的問題。關於富樓那的提問，眞鑑認爲，佛陀的處理，不只就萬法的問題加以解說，還論及了「心生滅門」與如來藏心的課題，這其實正彰顯出雖談萬法，卻是揭示出「一心之大用」，根本關懷還是集中在心上。第三個例證，則是在全體與大用皆彰顯出來後，接著所探討的有關「契入」的課題。眞鑑認爲，經文在這項課題中，選出了耳根圓通法門爲「方便易成就」（《大正》19，頁 131）之法，並宣說「佛頂光聚悉怛多般怛羅祕密伽陀微妙章句」（《大正》19，頁 136）。雖然都是在說明「契入」的方法，不過，這些方法的深層意涵，其實正是顯示了「心之顯、密相資」，即耳根圓通爲心之顯法，而佛頂神咒爲心之密法，藉此得以「契入」眞心。第四個例證，則是在宣說「契入」法門之後，阿難接著所提出的「修證佛三摩提，未到涅槃，云何名爲乾慧之地、四十四心？至何漸次，得修行目？詣何方所，名入地中？云何名爲等覺菩薩」（《大正》19，頁 138），這有關「歷位」的課題。在關於這項課題的開示中，經文先就顚倒而指出「變化眾生成十二類」（《大正》19，頁 138），即「卵生、胎生、濕生、化生，有色、無色、有想、無想，若非有色、若非無色、若非有想、若非無想」（《大正》19，頁 138），然後再就「轉成聖位」的「五十五位眞菩提路」（《大正》19，頁 142）一一詳說，雖然談論的內容，是有關生命轉變的不同型態，不過，其所揭示的深層意涵，其實是「心之染、淨相翻」，亦即心由染轉淨的歷程。第五個例證，是在文殊請結經名後，阿難向佛陀請問以「若此妙明眞淨妙心本來遍圓，如是乃全大地卓木、蠕動含靈本元眞如，即是如來成佛眞體。佛體眞實，云何復有地獄、餓鬼、畜生、修羅、人、天等道」（《大正》19，頁 143），這有關「七趣」的課題。雖然佛陀在經文中有爲阿難一一詳述七趣的內容，不過，關鍵則是在答覆的開頭處，即已明白揭示的「一切眾生實本眞淨，因彼妄見有妄習生，因此分開內分、外分」（《大正》19，頁 143）。在眞鑑看來，這正說明了七趣只是表相的變化而已，經文的要點，實

是在揭示出變化七趣的根源，是在於眾生心之內分與外分。第六個例證，則是在講述七趣之後，佛陀所接著詳加辯明的「修奢摩他毘婆舍那微細魔事」（《大正》19，頁147），亦即有關五陰魔境的課題。眞鑑認爲，雖然佛陀詳加辯明了色、受、想、行與識這五陰之魔境，其實，這五陰魔境實是由「心之邪解、邪悟」所造成的。因此，仍舊是就心而論。第七個例證，是有關「世界生起」的課題。依眞鑑的考察，其他經論在詮釋這項課題時，由於重點擺在「增上業力」的部分，因此，世界似乎是在心外而有。反觀《楞嚴經》對於地、水、火、風這四大的解說，則都收攝在心，如眞鑑所徵引的「風即心之生搖，地即心之立礙」等例即是。如此一來，「離心了無一法」，則即便是在闡述「世界生起」的課題，其實不正是在彰顯人心嗎？而第八個例證，則是有關「地獄三塗」的詮釋。眞鑑認爲，其他經論對此課題的詮釋，多著眼於「惡業招感」說。這種說法容易予人此招彼感的認識，認爲地獄三塗早已爲鬼神所設立，一旦造作惡業，便墮入其中。然而，《楞嚴經》對此的說法，則是都收攝於心上來立論，如眞鑑所徵引的「火即婬心之研磨，冰即貪心之吸縮」等例即是。顯然《楞嚴經》對於「地獄三塗」的解說，不是側重在所感之境的詳述，而是重在發明其「唯心」所造之理，而這不正是彰顯人心嗎？

　　以上所舉的八個單元的例證，涵蓋了整部《楞嚴經》的開展的過程。依眞鑑的考察，確實可說是「始終純指人心」。因此，眞鑑在最後總結其以上的發明，說：「然則無麤無細，一切皆心；任聖任凡，更無別物，而直指人心，豈有過於斯經者哉！是知佛爲直指人心，故說斯經。」（《卍續》18，頁293）

五、關於「直指人心」與「純指人心」

　　根據眞鑑以上的發明，可知《楞嚴經》雙兼直、曲二指。眞鑑先就「直指人心」的部分加以發明，然後再就「曲指」的部分，即「純指人心」的方面大加闡述。就其作法來看，確實可說是大彰《楞嚴》奧義。不過，其中似乎有未加詳細釐清之處，亦即有關「直指人心」與「純指人心」二者所言之「人心」的內涵。就眞鑑的發明來看，其認爲宗門「直指人心」的「人心」，指的是「純眞無妄之心」，然而，其所發明《楞嚴經》「純指人心」的「人心」，則似乎包含了眞、妄二心。如「純指人心」八個例證中的首例，言及了「破妄心」與「指眞心」；第二例言及了「心生滅門及如來藏心」；第四例言及「心之染、淨」，乃至第五、第六、第七與第八例，更幾乎多是就妄心而言。如此一來，眞鑑在最後總結所說的「直指人心，豈有過於斯經者哉！是知佛爲直

指人心，故說斯經」，似乎有過於簡化地將「純指人心」等同於「直指人心」的嫌疑，而這樣的等同，是否也會將曲指的比量發明混同於直指的現量證悟呢？二者之間，難道不應有所區別嗎？

關於這個問題，真鑑其實曾略為論及。他曾指出，關於其所發明的「斯經所以大異於眾典者，正以其指心在根；斯定之所以大異於諸定者，由說自性本定」（《卍續》18，頁 304），他認為「宗門悟心大士非皆不知」（《卍續》18，頁 304）。既然知曉，何以不大加發明？真鑑的看法是，宗門不明言的原因，是擔心明言的結果，會造成此奧義成為「世諦流布」，而「難以接人」。他說：

> 但緣經文指心在根太煞明白，恐成世諦流布，難以接人。是則十成之語，尤為傳宗者所忌，故多默而不言。縱有一二拈提，隨拈隨掃，終不令成詮釋。觀靈源之訶弘覺範，則其意可見。（《卍續》18，頁304）

依照真鑑的解說，當明白說出這經文的奧義時，在宗門之人看來，並不認為能因此成就學人，反而認為可能會造成反效果，亦即在此所說的「世諦流布」。因此，宗門之人並不認同「十成之語」的作法，而是採取「多默而不言」，或是「隨拈隨掃，終不令成詮釋」的對待方式。真鑑在此徵引了「靈源之訶弘覺範」為例，來說明宗門之人不明言的基本態度。關於「靈源之訶弘覺範」之例，應當指的便是《禪林寶訓》中所記載的這段故事：

> 靈源謂覺範曰：「聞在南中，時究《楞嚴》，特加箋釋，非不肖所望。蓋文字之學，不能洞當人之性源，徒與後學障先佛之智眼。病在依他作解，塞自悟門。資口舌，則可勝淺聞；廓神機，終難極妙證。故於行解多致參差，而日用見聞，尤增隱昧也。」（《大正》48，頁1023）

靈源在此的說法，便是真鑑所指出的宗門之人不認同「十成之語」的作法。靈源將覺範（筆者案：即惠洪之字）註釋《楞嚴經》的作法，視為「文字之學」。而對待這種「文字之學」的態度，並不是認可其可以與宗門直指並存，反而認為有礙於宗門直指，不只「不能洞當人之性源」，無正面的作用，還會造成負面的「徒與後學障先佛之智眼」的後果。其問題，便出在「文字之學」是「依他作解」，而「依他作解」便會「塞自悟門」。即便所解如何精當，最多也僅堪為口舌之資，「終難極妙證」。靈源的主張，其實已意味著曲指不如

直指，因此，宗門之人「多默而不言。縱有一二拈提，隨拈隨掃，終不令成詮釋」。

　　既然真鑑明瞭宗門之人的態度，卻又何以「不忌於世諦流布」（《卍續》18，頁304），要對曲指的部分大加發明？對此，他曾明言有兩項用意。他說：

　　　一者，教須說到，不同宗門，何嫌流布？二者，祖庭秋晚，現量證悟者無人可接，祕之何益？不如道破，令其經耳成因也。祖師末路評唱，令其傳習，亦此意也。（《卍續》18，頁304）

第一項用意，自是就其立場而言。真鑑是站在教門傳經的立場，而「教須說到」，本來就應該極盡所能地詳加詮釋經典的奧義。其次，則是由宗門的立場而言。他認為就當時的時代現況來看，真正要接人以「現量證悟」的機會，可說是如鳳毛麟角一般，既然如此，不如便將這項奧義明白道破，至少還可以使聞者「經耳成因」。而禪門祖師的評唱，用意也與此相同。雖然如此，關於曲指不如直指的說法，則又該如何來面對？對此，真鑑進一步所設問的「不成現量證悟，經傳何益」（《卍續》18，頁304），便是要解決這項質疑。他說：

　　　答：能令多分中上根人成真比量，發大解悟，與現量證悟作勝因緣。然亦應有少分上上根人成現量證悟，是不敢定也。此由叔季之世，故作是說。若古宗門，由聞經而悟入者，何限哉！（《卍續》18，頁304～305）

依真鑑之說，傳經所採用的比量發明的方式，並非毫無作用。他認為，闡述經典的奧義，仍然可以有「令多分中上根人成真比量，發大解悟」的成效。雖然此比量不如現量證悟，卻也並非相互衝突，而是可以藉此真比量、大解悟來作為現量證悟的殊勝因緣。換言之，真比量是可以有助於現量證悟。此外，真鑑甚至還認為，「應有少分上上根人成現量證悟」。他會作「少分」的保守之說，只是因為遷就其當時禪門沒落的時代現況而言。他認為若是之前的禪門，則「由聞經而悟入者」，當更不只如此。就真鑑的解說來看，其實是站在「教須說到，不同宗門」的經典詮釋的立場，由直指現量與曲指比量相資相發的角度來立說，給予言詮曲指、比量發明的方式正面地肯定，而不是如宗門般惟取直指、捨棄曲指，強調雙方的優劣取捨。

　　既然不論是直指或是曲指，在真鑑的立場，都是不由優劣取捨的角度而論，而是重在相資相發、皆能有益，則在雙方所指的內容——「人心」方面，其對待態度自然也是如此，著重在歸趨相同的部分。關於這一點，他在對於

經文「了然自知獲本妙心常住不滅」（《大正》19，頁119）的詮釋中，即曾表
露出來。他說：

> 本妙心者，本來面目，恒徧一切。……蓋通前三卷功夫，全爲揭露
> 此至妙、至密之觀體也。……若更不避彌天過犯，則西來直指正法
> 眼藏，即此而已。但彼直入無分別，此由方便分別至此無分別處，
> 其歸一也。（《卍續》18，頁484）

在此所說的「本妙心」，是《楞嚴經》前三卷所揭示出的「至妙、至密之觀體」，
亦即眞心。而此眞心，在眞鑑的詮釋中，則是等同於「西來直指正法眼藏」。
眞鑑認爲，雙方之別，是在方法上有所不同。禪宗是「直入無分別」，而《楞
嚴經》則是「由方便分別至此無分別處」，一爲直指，一爲曲指。然而，即便
方法上有直、曲之別，卻無礙於「其歸一也」。雙方所指的「人心」，都必將
歸趨於眞心。如此一來，即便在曲指的過程中，因「方便分別」而言及妄心
的部分，也並不妨礙其對於眞心的歸趨。就此而言，在眞鑑看來，即便說「純
指人心」，也都不必擔心會遭致「祖師西來，直指人心，見性成佛。于今諸方，
多是曲指人心、說性成佛」（《大正》47，頁956）的批判。說本經爲「純指人
心」，其最後，終將歸趨於直指之人心。因此，他才會大加宣揚說「佛爲直指
人心，故說斯經」。

第五節　有關對於「捨識從根」說的批評

「捨識從根」之說，爲眞鑑的獨家發明。自從其提出之後，固然有所見
相同者，如稍後函昰的《楞嚴經直指》，也說：「蓋欲指眞心之所露唯根，妄
心之相續唯識，故下文徵心，先窮分別之妄，後示見性之眞。」（《卍續》22，
頁656）也有明言繼承眞鑑之說者。如清代的通理，在其《楞嚴經指掌疏懸示》
中說：

> 依《正脈》例，略爲六對：一、破顯一對。謂識心分別能障眞定，
> 故以盡破識心爲宗。破非徒破，意在令其捨識用根，故以極顯見性
> 爲趣。二、偏全一對。謂初心貴專，唯根可依，故以偏指根性爲宗。
> （《卍續》24，頁161～162）

這可說是明白承襲了眞鑑的破識心、顯見性與「偏指根性」的「捨識用根」
之說。一直到民國時期的圓瑛，在其《大佛頂首楞嚴經講義》中言及「宗趣

通別」之處，也是完全承襲真鑑的說法。如說「徵破識心爲宗，顯發根性爲趣」，「偏指根性爲宗」，「經中如來破識顯根，顯此根性不生不滅，即爲楞嚴定體」等〔註40〕。而在開頭的〈自序〉中，也特別指出「阿難請示成佛大定，如來即爲破識顯根，……則欲令捨識用根，爲修楞嚴要旨也明矣」〔註41〕。

然而，對於真鑑的「捨識從根」之說加以批評者，卻也不乏其人。關於批評的部分，實不應該忽略，反而必須加以正視，細察其批評的內容。如此，既可作爲對於深入認識「捨識從根」一說的正面反饋，也可以同時自宗派門戶的意氣之爭中超拔出來。

歷來特別針對真鑑的「捨識從根」一說專作批評者，以錢謙益之《楞嚴經疏解蒙鈔》與靈耀之《楞嚴經觀心定解》爲最。而二者之中，又以靈耀之批評最力〔註42〕。以下將分別就二家的異見進行檢視。

壹、錢謙益《楞嚴經疏解蒙鈔》中的批評

首先是明末清初的錢謙益，在其《疏解蒙鈔》中所提出的批評。錢氏在《疏解蒙鈔》中，曾有「若乃破識用根，或指其未符教理」（《卍續》21，頁86）的說法。其中的「或指」，究竟是何人所指，錢氏並未明言。不過，在他自己所立之「諮決疑義十科」（《卍續》21，頁 87）的「第九、古今得失者」（《卍續》21，頁 102）中，倒是發揮了一段其個人對於「破識用根」說的不同看法。他指出，「今師開章立義，廣伸互析。似是而非，略有三端」（《卍續》21，頁 103）。其中「似是而非」的第二端，指的便是「破識用根」之說。

關於錢氏對於「破識用根」之說的批評，由於文字簡短，茲全錄於下：

> 論言阿羅漢位，由是永失阿賴耶名，說之爲捨，非捨一切第八識體。
> 第八識體，即如來藏心、圓成實性。第八可破，何以成第九白淨無
> 垢乎？五居圓成、現量之中。八識心王，唯取第六爲能觀察智。此
> 二識可破盡乎？經言「六爲賊媒，自劫家寶」，「根結若除，塵相自
> 滅」。結由六根，能結非六根也；解由六根，能解非六根也。佛爲眾

〔註40〕 詳見圓瑛《大佛頂首楞嚴經講義》（臺北：大乘精舍印經會，2004 年 2 月修訂初版），頁 34～37。

〔註41〕 見圓瑛《大佛頂首楞嚴經講義》〈自序〉，頁 7。

〔註42〕 太虛在其《大佛頂首楞嚴經攝論》中，對於真鑑的「捨識從根」之說，也有許多不同的主張。不過，筆者在此暫予擱置。一來是因爲太虛並未如在此二家批評態度之激烈，再者，若檢討太虛的看法，則勢必得牽涉到其對於《楞嚴經》的整體詮釋，其份量實足以另爲一文，故而將此課題留待他日。

生黏織六根，覆真迷妄，於六根中指出見、聞二性隨用常在，分明
照了，故曰：六自在王常清淨。根，門戶也。識，主人也。今日但
用六根，是有門戶無主人也。佛明言生死結根、安樂解脫皆汝六根，
今但計安樂解脫，不許生死結根，佛語應不如是。以是故，立破識
用根者過。(《卍續》21，頁 103)

錢氏的評破，或許可以概分爲三部份來探究。首先，是由「論言阿羅漢位」
到「此二識可破盡乎」。在這一部分中，主要是針對「破識」一說進行質難。
在錢氏的看法中，關於識與成就二者之間的關係，並不是將識體破除便是成
就，而只是捨識之名，識體其實並未有所破捨。他以修成阿羅漢位爲例來說
明，指出成就阿羅漢位，只是「永失阿賴耶名」，並非意味著將「第八識體」
也完全破捨。其原因，在於「第八識體」便是「如來藏心、圓成實性」。如果
這「第八識體」可以破捨，則如何能夠成就第九識菴摩羅識？錢氏的這段論
難，是來自《唯識三十論頌》中所說的「阿羅漢位捨」(《大正》31，頁 60)。
而其論難的理據，則應該是徵引《唯識三十論要釋》中的說法。《唯識三十論
要釋》中的說法是：

緣此識我、見、愛等不復執藏爲自內我，此位亦得名阿羅漢，由斯
永失阿賴耶名。然阿羅漢斷此識中煩惱麁重究竟盡故，不復執藏爲
自內我，永失此名，說之爲捨，非捨一切第八識體。(《大正》85，
頁 965)

或名異熟識，能引生死、善不善業異熟果故。此名唯在異生、二乘、
諸菩薩位，非如來位，由有異熟無記法故。或名無垢識，最極清淨、
諸無漏法所依正故。此名唯在如來地有。……此中偏說異熟識體，
菩薩將得菩提時捨，聲聞、獨覺入無餘依涅槃時捨。無垢識體，無
有捨時。(《大正》85，頁 965)

阿羅漢位捨者，……謂諸聖者斷煩惱障究竟盡時，名阿羅漢。爾時，
此識煩惱麁重永遠離故，說之爲捨。(《大正》85，頁 965)

依此說來看，所謂的「阿羅漢位捨」，指的應該是成就阿羅漢時，「緣此識我、
見、愛等不復執藏爲自內我」，「斷此識中煩惱麁重究竟盡故，不復執藏爲自
內我」，亦即捨除異熟識體，因此「永失阿賴耶名」，而說其爲捨識。這「捨
識」所捨的，只是「阿賴耶名」，只是異熟識體，只是「識中煩惱麁重」，而
「最極清淨、諸無漏法所依正」、「唯在如來地有」的無垢識體，則「無有捨

時」。錢氏便是依據此說，來主張第八識體實不可破、不可捨，說捨識實爲非。

就錢氏的這段論難來看，必須要問的是，眞鑑所言的「捨識」，是否曾說過要捨第八識體呢？如果眞鑑曾有捨第八識體的主張，則錢氏的批評，自是有理而可以成立。然而，如果眞鑑不曾如此主張，則錢氏的批評，便應屬無效而完全落空。那麼，眞鑑是否曾主張「捨識」是捨第八識體呢？這可就《正脈疏》中的一段話語得到答案。眞鑑在《正脈疏》中說：

> 此根中之性，即第八根本識，所謂識精元明、緣所遺者。此識，據法相宗有三位，名異而體不異：自凡位至七地，名黎耶識，此云藏識。自八地至等覺，名異熟識。佛位，名陀那識，此云執持，亦云無垢。……據阿難所稱菴摩羅識，此云白淨，方似圓教佛位純眞之識。……四雖一體，而今所顯者，但於凡夫分上，正惟黎耶實體。……其體全是眞心，而具無明。雖具無明，而眾生分上捨此無別眞體。（《卍續》18，頁355）

由眞鑑的這段話語來看，其所極力彰顯的根性，指的便是「第八根本識」。此識由法相宗的立場來說，雖然因對象的不同，而有黎耶識（藏識）、異熟識與陀那識三種不同的稱呼，其實，只是「名異」，而「體不異」。即便是由凡夫的角度所稱的黎耶識，雖然仍帶無明，不過，「其體全是眞心」，「眾生分上捨此無別眞體」。這正是眞鑑所極力勸認根性的理由。由此來說，眞鑑實不曾主張要捨第八識體。錢氏以捨第八識體來詮釋眞鑑所提出的「捨識」之說，並加以批判的部分，實屬誤解而完全無效。

那麼，錢氏接著所說的「五居圓成、現量之中。八識心王，唯取第六爲能觀察智。此二識可破盡乎」，是否確能指出眞鑑「捨識」說的問題呢？就錢氏所說來看，其意是認爲前五識與第六識不可破盡。然而，前五識與第六識之妄若不捨棄之，如何能夠轉第六意識爲妙觀察智，轉前五識爲成所作智呢？所謂「唯取第六爲能觀察智」，難道意味著第六意識便能爲妙觀察智？若然，又何須轉識方能成智？同時，又該如何來面對本經經文明白對於「六識」所作出的批評：「一切眾生六識造業」（《大正》19，頁144）？不知眞鑑所言的「捨識」，正是捨本經所言「用諸妄想，此想不眞」（《大正》19，頁106）、「執此生死妄想誤爲眞實」（《大正》19，頁109）的「妄想」，即捨「無始生死根本，則汝今者與諸眾生用攀緣心爲自性者」（《大正》19，頁108），亦即是捨棄「分別計度」（《大正》19，頁118）的識心，不再執此識心誤爲眞實之心。

眞鑑在《正脉疏懸示》中說:「佛最初開示,首先破除六識,不用一切思惟懸想之心。」(《卍續》18,頁269)眞鑑所謂「破除」的「六識」,指的便是「一切思惟懸想之心」,也就是第六意識。他在《正脉疏懸示》中曾明白指出:

> 於前七中,動身發語,惟是第六故。凡夫、小乘,……於前七轉識中,上不知有第七,下不知辨前五,惟計第六爲自心相故。(《卍續》18,頁278)

> 凡、外、小乘,皆但知此六識爲心,離此別無。(《卍續》18,頁289)

此外,還特別舉出第六意識的五種勝善功用〔註43〕來強調說:

> 要知佛破意不是爲此五用有過差處而破之也。蓋五用仍是勝善功德,有何過差?但人認此發用之識爲眞實本心,方爲大過。以無邊生死,皆爲錯認此識爲心故也。(《卍續》18,頁272)

由此可知,眞鑑所謂的「捨識」,指的便是捨棄「惟計第六爲自心相」,捨棄「但知此六識爲心,離此別無」,捨棄「認此發用之識爲眞實本心」,捨棄「錯認此識爲心」。至於前五識,眞鑑曾詳加區別其與五根及五俱意識的不同之處〔註44〕。其所謂的「捨識」,當是就與第六意識重疊之五俱意識的部分而言,以其仍是屬於意識,而並不是指捨棄前五識。因此,關於錢氏評破中針對「破識」所提出的質難,可說是誤解眞鑑之意,而完全無效。

錢氏評破的第二部分,是由「經言:六爲賊媒」到「六自在王常清淨」。這一部分,則是針對「從根」一說進行質難。錢氏的說法,主要是強調解脫的關鍵在於根中之性,而非六根。他先徵引經文「六爲賊媒,自劫家寶」與「根結若除,塵相自滅」,來說明其認爲六根只是結與解的門戶,而不是結與解的根源,也就是他所說的「結由六根,能結非六根也;解由六根,能解非

〔註43〕 所謂意識的五種勝善功用,依眞鑑在《正脉疏懸示》中的說法是:「此識勝善之用略有五種:一者,緣佛色相心。一(筆者案:當爲「二」)者,緣佛聲教心。三者,聞法領悟心。四者,止散入寂心。五者,界外取證心。」(《卍續》18,頁272)

〔註44〕 眞鑑在《正脉疏》中說:

> 前五識有二種難辯:一者,與前五根混。以其難分別,而隨念麤略,頗似無分別之根性,愚法聲聞固不迷之。故《規矩》云「愚者難分識與根」,是也。二者,與五俱意識混。以其雖麤略,而隨念分別,頗似意識之計度,故小教不知前五非意識,而心法惟一也。(《卍續》18,頁608)

準此說可知,眞鑑所主張要捨的「識」,就前五識的部分而言,應該指的並不是前五識本身,而是五俱意識。因爲「前五非意識」而「心法惟一」,這「惟一」的心法,便是第六意識。

六根也」。那麼，錢氏所認爲的解的根源，亦即「能解」爲何呢？依錢氏之說來看，也就是其所說的「佛爲眾生黏織六根，覆眞迷妄，於六根中指出見、聞二性隨用常在，分明照了，故曰：六自在王常清淨」，其中的「六根中指出見、聞二性」。這不正是眞鑑所極力彰顯的根性嗎？豈有二致？由錢氏評破的內容來看，恐怕只是就眞鑑「從根」二字自行發揮，而未曾仔細深入了解眞鑑所言的「從根」，指的正是從根中之性而入。錢氏這部分的批評，實難逃迷名失義之譏。

至於錢氏評破的第三部分，則是由「根，門戶也」到「立破識用根者過」。這部分是對於「捨識從根」說的綜合批評。由其所說的「根，門戶也。識，主人也。今日但用六根，是有門戶無主人也」來看，徵諸本經經義，可謂失其大本，且有自語矯亂之嫌。依錢氏在第二部分中之說來看，「能解」明明是「六根中指出見、聞二性」，則似已以此根性爲眞主人，如何卻又主張識爲主人，而駁難眞鑑「捨識從根」的主張爲「有門戶無主人」？至於最後引用經文所言「生死結根、安樂解脫皆汝六根」，來批評眞鑑「但計安樂解脫，不許生死結根，佛語應不如是」，實無需多加深辯。一來眞鑑並未「不許生死結根」，而錢氏自己明明也說「結由六根，能結非六根」，這「生死結根」，這「能結」，不正是錢氏所以之爲「主人」的識，同時也是眞鑑所極力主張必須捨棄的虛妄識心嗎？二來，佛語雖同時言及「生死結根」與「安樂解脫」，實則是爲「安樂解脫」。且不說眞鑑並未「但計安樂解脫」，即便其眞的如此，又有何過？

總結以上的檢討，不論錢氏對於「捨識」與「從根」說的個別批評或是綜合批評，都並無法有效推翻眞鑑的主張，反倒突顯出錢氏自己的謬誤。因此，錢氏對於眞鑑「捨識從根」說的駁難，可說是失敗的。

貳、靈耀《楞嚴經觀心定解》與《楞嚴經觀心定解大綱》中的批評

另一位對於眞鑑「捨識從根」說大加非難的，則是清康熙年間的天台宗法師靈耀。靈耀對於眞鑑的批評，在其《楞嚴經觀心定解》中，是採取隨著經文進展的方式，隨處進行批駁。這類的批駁頗多，然而多屬散見各處。而集中主題式的批評，則見於其《楞嚴經觀心定解大綱》之中。雖然靈耀對於眞鑑「捨識從根」說的批評份量遠多於錢謙益，不過，在其兩部著作中的批評思路相當一致，因此，下文將以主題的方式進行探究，亦即分別就靈耀對於眞鑑的「捨識」說與「從根」說的批駁，個別進行檢討。雖然是分爲兩個主題進行探討，不過，由於靈耀是混合論說，因此，在實際探討時，兩個主

題難免會有相互跨越的情況。雖然如此,並不妨礙對於靈耀之批駁的探討。

首先,是靈耀對於眞鑑「捨識」說的批評。這在其《觀心定解大綱》中,有專門的批駁。靈耀的說法是:

> 交光用根不用識之言,亦有所據,但錯會之爾!渠見經中七番破性之後,阿難猶認推窮尋逐者爲心,而如來直下一喝曰「此非汝心」,交光據此,即曰識心經如來親口破斥,故不宜用。殊不知如來所破攀緣尋逐,乃體上虛妄,非破識體主人公也。此一毫聯纖虛妄若在,則昏擾紛紜,理即全迷。佛既喝破,則如鏡淨明生,心體頓現,如下所謂「性識明知,覺明眞識」、「清淨本然,周遍法界」是也,豈磨去鏡上塵垢者,并棄去鏡體光明也哉!但在前爲塵妄所染,則不變隨緣,眞如在迷,迷名六識;至今妄去體彰,則隨緣不變,周遍法界,即性識明知,何曾有二哉!又如垢衣內身瓔珞莊嚴只一長者,非離去垢衣內身別有一瓔珞法身也。故知此非汝心者,正破體上垢妄耳!交光錯會,乃謂必破識體而不用矣!又因五卷有「識性虛妄,猶如空華」之句,謂破六識,更不知此段通破陰、入、界之虛妄也。至云「知見立知,即無明本;知見無見,斯即涅槃無漏眞淨」,豈非知見體上虛妄既無,即知見體是涅槃藏性乎!天台觀六識以顯不思議境,深得佛旨而立,非無本而云然也。(《卍續》23,頁 569)

依靈耀之說來看,其認爲眞鑑的「捨識」之說,是「錯會」經文之意。所謂的「錯會」,指的是對於阿難「認推窮尋逐者爲心」,而佛陀喝以「此非汝心」一事的理解。就這部分的經文而言,眞鑑認爲佛陀之意,即在指出識心之「不宜用」。對於眞鑑的理解,靈耀則認爲,佛陀所破斥的,是「體上虛妄」,而不是「破識體主人公」,由此而大加發揮了「此一毫聯纖虛妄若在……」一大段文字,歸結仍在於「此非汝心者,正破體上垢妄」,「交光錯會,乃謂必破識體而不用」。

平心而論,眞鑑的理解並無問題,甚至還同於靈耀對於經文的理解,倒是靈耀對於眞鑑之理解的理解,則似乎有誤。首先,眞鑑指出識心之「不宜用」,用意並非在破「識體主人公」,同時,他也未曾有如此的說法。眞鑑曾明白地說:「六根所具圓湛不生滅性,識精乃其總名,本惟一體。」(《卍續》18,頁 345)其既然主張從根性修入,又豈會要破「識體主人公」?關於佛陀喝斥阿難「此非汝心」的經文,眞鑑明白科以「正斥妄識非心」(《卍續》18,

頁 346）。這說明了真鑑認為經文所破斥的，是識體上之妄並非真心，因此會稱之為「妄識」，會指出其「非心」。這一點，不正是與靈耀所認為之佛陀所破斥的是「體上虛妄」，「此非汝心者，正破體上垢妄」相同嗎？關於這喝斥「此非汝心」一事，真鑑在《正脈疏懸示》中，也有清楚的分析。他指出：

> 蓋五用（筆者案：即前文所指出之識心的五種勝善功用）仍是勝善功德，有何過差？但人認此發用之識為真實本心，方為大過。以無邊生死，皆為錯認此識為心故也。觀佛呵云「咄！阿難，此非汝心」，「此是前塵虛妄相想」，乃至認賊為子，故受輪轉，方是如來破之本意。（《卍續》18，頁 272）

在此，真鑑明白地區別了佛陀破斥之意，不在識心之發用有誤，亦即真意不在破斥「發用之識」，而在於破斥「認此發用之識為真實本心」，「錯認此識為心」，破斥「認賊為子」。因此，靈耀在非難真鑑所言時，引用後面經文所談論的性識，實與真鑑在此所說的妄識並不相同。而靈耀接著引用後面的經文，來批評真鑑的「破六識」之說，認為「知見體上虛妄既無，即知見體是涅槃藏性」。其實，其所說的「知見體上虛妄既無，即知見體是涅槃藏性」，與真鑑之意實可相通，只是說法不同罷了。其所謂的「知見體上虛妄」，即是真鑑所言的妄識、妄心，而「知見體」則是真鑑所言的根性。說「即知見體是涅槃藏性」，便是真鑑所說的根性即藏性之意。既然如此，靈耀又何以要如此大費周章地來非難真鑑的「捨識」之說呢？其關鍵，恐怕在於其最後所說的「天台觀六識以顯不思議境，深得佛旨而立，非無本而云然」。因為真鑑依本經經文明言，倡導在修習時，捨棄由識而修，主張由根性修入，這與主張以「觀六識」之法修入的天台教旨大相逕庭。就不明天台觀法者來看，則容易誤以台家之法為非究竟之修法。因此而引起台家之人的不滿，一方面非難真鑑的「捨識」之說，另一方面則要強調天台觀法是「深得佛旨而立，非無本而云然」。

其實，在真鑑看來，由識而修，也可以成就圓通。關於這點，後文會進行探討。其之所以提出「捨識」之說，並不是為了非難天台止觀，而實是因其研究方法是就本經脈絡而言，迥異於徵引天台之說來詮釋本經者〔註 45〕。

〔註 45〕二者在詮釋上的區別，可稱之為「因經顯理」（真鑑）與「據理通經」（天台宗人）之別：
　　　　　所謂「因經顯理」，其前提是視《楞嚴經》本身為一個獨立的、意義完足的系統，讀者的工作，便是在這一個意義完足的系統中，透過對於經文的解讀，來顯發其所欲傳達的意義。其強調的重點，就讀者的角度而言，

因此，就靈耀對於眞鑑「捨識」說之駁難來看，可說並未成功。

其次要探討的，則是靈耀對於眞鑑「從根」說的批評。靈耀這部分的批評份量，顯然多於其對於「捨識」說的批評。由於其說在《觀心定解》中散見多處，批評的重點略有出入，而在《觀心定解大綱》中的批評雖較集中，不過，重點也有數項。因此，以下將採取主題式的檢討，亦即就靈耀批評的重點來分類進行探究。

首先，靈耀質疑眞鑑所倡言的「從根」之說，是對於根的執著與誤解。這方面的批評，主要是就「耳根圓通」而言。他認爲眞鑑偏執於耳根圓通，同時還將作爲入道方便之耳根誤解爲究竟眞實。他在《觀心定解大綱》中說：

> 即用根之言，亦據經文起修之始，佛示二十五圓通，而獨選耳根爲入道之方便，彼遂偏執此經專用耳根。豈知言耳根者，但入門方便也。蓋行人起修，二十五種，門門可爲入道方便。今娑婆眾生耳根最利，宜于耳聞入心成觀，故特選之。當知觀成理顯之時，早已忘却外來耳聞方便矣！豈有始終滯于方便，而能心觀圓成耶？方便，猶如叩門之瓦、度河之筏耳！若滯著耳根而不能入心成觀，則此耳根反成障礙，膠纏住著，爲生死根本牽入輪迴不暇矣！經云：「眾生處處著」。佛說入門之方便，世人即執方便爲眞實而不能入，眞深可

是經文的接觸先於意義的認識，讀者不應先入爲主地帶著其他系統的意義，進入詮釋本經文的活動之中。就經文系統中個別與整體經文的關係而言，相對於其他的經典系統來看，這一個意義完足的系統，具有異於其他系統的獨特性。其文字語詞的意義，只有在該部經文的脈絡中，才能固定下來。因此，不同系統之間，未必相容，並不適合貿然媾和二者。

相對於「因經顯理」經先理後的詮釋進路來看，「據理通經」恰好相反，是理先於經。其前提，是視《楞嚴經》爲一個與其他經典相互開放的意義系統，彼此間具有共通性，而非自身獨立完足、外於其他經典的意義系統。讀者的任務，便是藉由其他經典的意義系統，來解讀、貫通本經的經文，及其所欲傳達的意義。因此，強調的重點，是讀者必須對於其他經典系統的意義有所認識，才能進入詮釋本經文的活動之中。這種詮釋進路，突顯出來的，並不在於本經文相對於其他經典的特異之處，而是藉由媾和不同經典的意義系統，來展現出系統間的重疊性與相容性，消解了系統間的界限，並豐富了雙方的深度。而意義上原本浮動、必待脈絡關係確定才能固定下來的經文語句，也可以不必局限在本經文中來尋求意義的固定，可以援引其他經典系統介入，來使其確定。

詳見拙作《楞嚴經》詮釋史上的一個問題》，發表於「2009 年南山佛教文化研討會」。

憐愍者。秖如觀音大士于古觀音如來所，初于聞中入流亡所，所入既盡，動靜二相了然不生，則耳根、音塵二俱亡去矣！然後得如是盡聞，聞所聞盡，而聞性亦空矣！聞性既無，方得覺所覺空，而空觀現前。未聞住著耳根色法頑空之上，可以空覺極圓者也。可知住著耳根之上，即空觀尚是難成，何況寂滅現前之圓中妙觀哉！（《卍續》23，頁 569～570）

由靈耀在此所說的「佛示二十五圓通，而獨選耳根爲入道之方便，彼逐偏執此經專用耳根」，「若滯著耳根而不能入心成觀，則此耳根反成障礙，膠纏住著，爲生死根本牽入輪迴不暇矣」，乃至引用觀音之自陳耳根圓通，來指出「未聞住著耳根色法頑空之上，可以空覺極圓」，「可知住著耳根之上，即空觀尚是難成，何況寂滅現前之圓中妙觀」，在在都顯示了其認爲眞鑑之主張「耳根圓通」，是「偏執此經專用耳根」，是「滯著耳根」，是「住著耳根」。其論據，是耳根只是二十五圓通中的「入門方便」之一，他認爲實際上不論何門皆可以作爲「入道方便」。而所謂的「方便」，則只具有工具性質，即其所說的「猶如叩門之瓦、度河之筏」，並不是所要達成的目的。對此，他在《觀心定解大綱》中繼續說道：

經云：「歸元理無二，方便有多門。」二十五聖豈非多乎？從耳門入，豈非方便乎？若執此經由耳根方便而入即爲耳根圓通者，何經不從耳根入哉？身子、目連由聞因緣悟入，亦耳根圓通也；迦葉、陳如聞四諦善來悟道，亦耳根圓通也；凡華嚴、鹿苑、方等、般若、法華涅槃五十年中證悟弟子，皆稟佛音教而入，皆耳根圓通也；香嚴擊竹，百丈一喝，曹溪聞「應無所住而生其心」，皆耳根圓通也。此皆得圓通之方便耳！須知佛逗娑婆之機，率令從耳根方便而入，何得錯會佛意，偏執方便爲此經眞實觀境哉？如經云：「十方如來於十八界一一修行，皆得圓滿無上菩提，於其中間亦無優劣。但汝下劣，未能於中圓自在慧，故我宣揚但於一門深入。一入無妄，彼六知根一時清淨。」又佛告文殊：「此二十五無學菩薩，各說最初成道方便，皆言修習得其圓通。彼等修行，實無優劣前後差別。我今欲令阿難開悟，二十五行誰當其根？兼我滅後，此界眾生入菩薩乘、求無上道，何方便門得易成就？」據此明文，灼然是言入門方便，何曾指爲究竟眞實哉？及文殊承命揀選，亦云：「歸元性無二，方便有多門。

聖性無不通，逆順皆方便」，又云：「誠如佛世尊，詢我諸方便，於
此門無惑，方便易成就」，處處皆言方便，何曾指耳根爲究竟耶？但
諸經方便皆從耳入而不明言，若分明指選，獨在今經也。則知用根
不用識之言，眞爲棄本逐末者也。且問耳根之所以能聞，以何爲本，
從何所來耶？夫本以一精明，分成六和合。在耳曰聞，在眼曰見，
乃至在身曰觸。則知本一心識，如一獼猴遍映六牖，故有見聞覺知
之用。若無内心主人公，則外之眼耳六根色質頑空，何能聞見哉？
經云「如是見性，是心非眼」，即可云「如是聞性，是心非眼」矣！
經云「汝在室中，門能見否？則諸已死，云何無見？」試例言之：
汝在室中，門能聞否？則諸已死，云何無聞？聞性方便，尚恃識心
根本而有，云何偏計色空之根爲入道究竟法耶？豈非棄本逐末之已
甚者乎？（《卍續》23，頁 570～571）

靈耀在此的長篇大論，用意其實只在「二十五聖豈非多乎？從耳門入，豈非
方便乎？若執此經由耳根方便而入即爲耳根圓通者，何經不從耳根入」，「何
得錯會佛意，偏執方便爲此經眞實觀境哉」，「處處皆言方便，何曾指耳根爲
究竟耶」與「云何偏計色空之根爲入道究竟法耶」這幾段話語中，只是爲了
說明眞鑑主張由耳根修入圓通，是「錯會」、「偏執」方便爲究竟。這個觀點，
也在《觀心定解》之逐句解釋經文時表達出來。靈耀在對於經文「頂禮如來
藏，無漏不思議。願加被未來，於此門無惑，方便易成就。堪以教阿難，及
末劫沈淪：但以此根修，圓通超餘者，眞實心如是」（《大正》19，頁 131）的
解釋時，便說：

應知佛言何方便門得易成就，今文殊云於此門方便易得成就，則佛
與文殊皆以耳根爲初心入門方便，未嘗言根爲究竟眞實也。奈何人
師故違佛說，偏執用根不用心耶？（《卍續》23，頁 909）

因此，對於眞鑑倡言從耳根修入圓通一事，靈耀的認識是「始終滯于方便」，
是「執方便爲眞實而不能入」。

就靈耀以上的批評來看，顯然其對於眞鑑之說的認識是有問題的。首先
必須澄清的是，眞鑑未嘗言根爲究竟眞實，而是以根性爲通於藏性之究竟眞
實。正因有此大本，才會主張由根性修入圓通。而這由根性修入圓通，就方
法上而言，自是入道方便〔註 46〕，然而，其本質卻與究竟眞實無異。眞鑑對

〔註46〕眞鑑在解釋耳根圓通法門處的經文「方便易成就，堪以教阿難及末劫沉淪」

此曾加以說明。他說：

> 此初心遙應妙覺，乃為究竟。《大經》云：「初心究竟二不別，如是
> 二心先心難。」……經又云：「從初發心即成正覺。」若是，則此之
> 初心良非淺淺。我謂圓通徹究竟位，亦非無見而云然也。(《卍續》
> 18，頁306)

而這一點，正合於本經所強調的本修因需與果地覺同為不生滅。因此，所謂
偏執入道方便為究竟的批評，實是未能深入理解真鑑之說所作出的錯誤批評。

其次，靈耀以門門皆可入圓通，來批評真鑑為偏執於耳根圓通，其實，
真鑑極力倡言耳根圓通，並非偏執，而正是遵循本經所明言（靈耀引文中也
曾徵引）之「但汝下劣，未能於中圓自在慧，故我宣揚但於一門深入」，「我
今欲令阿難開悟，二十五行誰當其根」與「何方便門得易成就」，指出耳根為
易修、易成就，而不是就「於其中間亦無優劣」的部分而言。關於這一點，
真鑑曾特別強調。他說：

> 佛敕文殊揀選，……所以必擇者，亦具二意：一者，佛前雖令一門
> 深入，而竟未說出何門，況今諸門竝陳，理宜決定一門。……今須
> 決擇，以分明指出耳根也。二者，列聖所以不對根智，觀音所以曲
> 合機宜，非此一擇，不能備彰。無非欲令當機且擲諸門，而獨取耳
> 門。(《卍續》18，頁659)

換言之，這於二十五圓通中揀選出耳根圓通法門，是「必擇」，是「理宜決定
一門」，是「欲令當機且擲諸門，而獨取耳門」。真鑑並對此自行設問來加以
發揮，指出其中具有深意，這「深意」，便是「欲契對當機」(《卍續》18，頁
660)。所謂「誰當其根」，其中的「當根」，「即對機也」(《卍續》18，頁660)。
真鑑解釋說：「證處固皆平等，而從入之門，豈盡對此方之機耶？豈盡可以常
修學耶？然對機常修，但取於一門而已。故不可不揀，以令阿難專取也。」(《卍
續》18，頁660) 又說：

> 難云：既皆方便，是即平等，何必又選？答：其奈對此方之機有當、
> 不當。當，則甚速；不當，甚遲。豈可不選擇哉！如趨京之路迂直

時，也明言這是「最為善巧」的「初心方便」，而未嘗逕指其為究竟。他說：
「此科……出其所以但求加被此一門之故也。方便者，言其現先自具圓通之
相。從此加修，最為善巧，真初心方便也。」(《卍續》18，頁680) 而在解釋
經文「初心入三昧」(《大正》19，頁130) 時，也說：「初入，即最初方便。」
(《卍續》18，頁663)

千差，豈皆捷徑？亦不可不擇路而趨矣！（《卍續》18，頁 663）
這意味著眞鑑的詮釋，既明白二十五門圓通在證果上確實是「平等」，卻又能同時照顧到經文現實的情況，正是要針對當機的阿難來進行詮釋。因此，這在二十五圓通門中所揀選出來的一門，就修入方便的角度而言，是並不與其他二十四門平等的，其地位反而是超出的。關鍵便在於「對此方之機有當、不當。當，則甚速；不當，甚遲」，「不對機則難，對機則易」（《卍續》18，頁 660）這「欲契對當機」上。就這「當機」而言，其餘二十四門與耳根圓通一門相較，是「遲速不同倫」（《大正》19，頁 130）的。眞鑑曾比較雙方的差異，說：

　　通論二十四聖，約其所證必等觀音，而原其入門不從本根，略有四
　　緣所以當揀：一者，不對方宜。二者，不便初心。三者，別有資籍。
　　四者，非常修學。反顯耳根對方宜、便初心、不勞資籍、通常可修
　　也。（《卍續》18，頁 668）

這「不當機」的二十四門，既是「不對方宜」、「不便初心」、「別有資籍」且「非常修學」，則修成的速度，如何能不遲呢？相形之下，正突出了耳根圓通一門因「對方宜、便初心、不勞資籍、通常可修」，正是當機速修速成之法。因此眞鑑的詮釋說「此方眾生耳根偏利，能由聞性徧達無量差別理事，故佛對此一方機宜而以音聲施作佛事，所以逗彼聞根之利也」（《卍續》18，頁 668～669）。這正是完全貼合於本經之意且深入精到的詮釋，豈能說此「對機」是「偏執」呢？而靈耀自己不也曾明白說過「今娑婆眾生耳根最利，宜于耳聞入心成觀，故特選之」，以及「須知佛逗娑婆之機，率令從耳根方便而入」嗎？因此，關於二十五圓通法門，在理上固然無別，而事上則確實是有別。眞鑑之「決定推重耳根圓通」（《卍續》18，頁 305），正是遵循經文之意，就事上而抉發出耳根圓通法門超出其餘二十四門，靈耀則盡是以理來難事，如此的批評，實無法難破眞鑑的「從根」之說。

至於靈耀廣引了「身子、目連由聞因緣悟入」，「迦葉、陳如聞四諦善來悟道」，「凡華嚴、鹿苑、方等、般若、法華涅槃五十年中證悟弟子，皆稟佛音教而入」，「香嚴擊竹，百丈一喝，曹溪聞『應無所住而生其心』」，認為這些也都是由耳根而入，豈不都是耳根圓通？甚至擴大到說「何經不從耳根入」。其實，這是模糊了稟音教與修入法之間的差別。稟音教固然是由耳根而入，然而，修習時卻未必是由耳根之聞性修入，如此，如何能夠混為一談？

關於二者之間的差異，眞鑑曾加以區別。他說：

> 良以聲教但爲弄引，聞性實爲妙心。故領悟雖以雙托音聞，而修定但宜單取聞性，故曰「實以聞中入」也。是則從說選根以來直至此處，惟此一句，方以決定分明指出耳根爲圓通本根至妙之法門矣！……此方眞實教體，清淨本然周徧法界者，不在於音，而惟在聽音之聞性耳！良以教詮藏性，而聞性最近藏性故也。……以是義故，大定惟從聞入，似爲簡直而順，……而聞性方爲眞教體。智者詳之。（《卍續》18，頁 669）

因此，眞正的耳根圓通法門，並非聽聞音聲即是。聽聞音聲，只是「弄引」，只是「領悟」。眞正的耳根圓通法門，則必須是在進行修習時，只單取「實爲妙心」、「爲眞教體」的「聽音之聞性」，而「不在於音」，才是本經所揭示的眞義，也才能由此而修入楞嚴大定。因此，靈耀廣引的這段批評，其實也屬無效。

其實，就以上靈耀的批評來看，雖然多方質難眞鑑偏執於「用根」、「用耳根」，實則其意並非爲了澄清本經之識心、根性與圓通等的關係，而是爲了保住台宗所倚之修觀的識心。因此，對於眞鑑之說，多執其「捨識從根」與「用根不用識」之字面大加非難。如說「用根不用識之言，眞爲棄本逐末者也」，「奈何人師故違佛說，偏執用根不用心耶」。實則眞鑑的主張並非「不用心」，其所主張的「從根」之說，正是「用心」，正是「用眞心」，只是揀別「不用識」而已。然而，靈耀在批評中所說的「用根不用識」與「用根不用心」，卻可以看出其有意模糊眞鑑原本詳加區別的心與識之別，企圖將心與識劃上等號。更明顯的例子，則是在前面的引文中可以看到的，其將「耳根之所以能聞，以何爲本，從何所來」之「本以一精明」，說爲「本一心識」，又說「聞性方便，尚恃識心根本而有」。然而，徵諸本經經文，正是欲人捨棄分別計度之「識心」，靈耀卻又以「心識」或是「識心根本」爲說，讀者若是未曾細心甄別，豈不是反而會因此而轉滋疑混？

靈耀批評眞鑑之說的另一項重點，便是以根爲色法來質難眞鑑的「用根」之說。關於這一點，在上文的引文中，其實有部分已經提到。在靈耀以「如一獼猴遍映六牕」來說明一精明與六和合的關係時，便已提到「若無內心主人公，則外之眼耳六根色質頑空，何能聞見哉」，「云何偏計色空之根爲入道究竟法耶」。這顯然是只就色法的角度來認識眞鑑所言「用根」之「根」。靈

耀還由經文所明言的「見性是心非眼」，來推演出聞性亦然，進而質難已死之人雖有耳根，「云何無聞」，企圖論證耳根只是色法，只是「門」而已。然而，就眞鑑所言來看，其所言的「用根」，指的是根中之性，而不是做爲色法的有生滅之根〔註47〕。其所言的「耳根圓通」，前文也已明白指出，其內涵正是要用耳根中之聞性，這不正是靈耀所說的「內心主人公」嗎？倒是靈耀在批評中所說的「聞所聞盡，而聞性亦空矣！聞性既無，方得覺所覺空」，有「聞性亦空」與「聞性既無」的說法，反倒有乖於本經正論，容易啓人疑竇。因爲在本經中，佛陀曾明白爲阿難揭示說「阿難，是人夢中……其形雖寐，聞性不昏。縱汝形銷、命光遷謝，此性云何爲汝銷滅」（《大正》19，頁 124），這說明了聞性沒有「銷滅」的問題，如何能說「聞性既無」？而眞鑑所言的「用根」，正是要用這耳根中不生滅的聞性，何時曾主張用色法之根呢？

　　除了前面引文中所提到的部分外，靈耀還有許多對於「用根」的質難，都是由色法之根的角度來批評。如「須知耳乃色質，……如何依之開解起行耶？不但深修妙觀不可憑依，即淺近聞聲，亦非耳根所得而有也，必仗內有識心之主以應外塵，方得有聞」（《卍續》23，頁 570）。這便是視耳根爲色法之難。實則靈耀說「識心之主」，正說明了「主」實另有，而非「識心」，而這「主」正相應於眞鑑所主張以之修入的聞性。反倒是靈耀這「識心之主」的說法，一來容易滋人疑混於本經所主張的、要捨棄之分別計度的識心，再者，「有聞」者正是在「主」，而非在「識心」，這豈不是說明了本經修法，是與靈耀所要保之由識而修的天台觀法相左嗎？推其批評的根由，也還是由企圖論證台宗在詮釋本經時所具有的正確性而來。因爲靈耀接著說「若云修屬聞性，則聞性即識，而有枝本之異。故觀音心觀少成，即云『聞所聞盡』，而并此聞性亦遣之矣！則知今經密因修證，的依陰心爲所觀境而顯大佛頂體」（《卍續》23，頁 570）。這「的依陰心爲所觀境」，正是指台宗修法即爲本經修法，因此，會有「聞性即識」與「聞性亦遣之」這類有別於本經經文的說法。

〔註47〕關於這點，同樣曾爲眞鑑批評天台止觀一事而發出不同聲音的太虛，倒是與眞鑑對於經文的解讀相同。他在《大佛頂首楞嚴經攝論》中，曾說：「佛言六根，乃兼六精一體而談，一精覺體即如來藏心也。」而在〈楞嚴大意〉一文中，也指出「此經說根、識，與唯識論所說界限不同。唯識論、識的範圍深廣；《楞嚴經》、根的範圍深廣。故唯根論與唯識論對立，以根來攝一切法。……唯根論是《楞嚴經》特異處」。此說最能客觀而公允地回應眞鑑的「從根」之說。見太虛大師全書編纂委員會編《太虛大師全書》，頁 1618、1718～1719。

　　以上所言，是靈耀在《觀心定解大綱》中之說。而在《觀心定解》的逐句解釋經文中，也有頗多這類由色法之根的角度所提出的批評。如在對於經文「佛言：若眼能見，汝在室中，門能見不？則諸已死，尚有眼存，應皆見物。若見物者，云何名死」（《大正》19，頁108）的解釋時，說：「如此明文，皆言心識為主。破、顯唯心，根但如門。從門出入乃是方便，而執者何言用根不用識耶？」（《卍續》23，頁623）又如解釋經文「是故當知眼入虛妄，本非因緣、非自然性」（《大正》19，頁114～115）時，說：「那律是無眼人。……近代交光有決定用根之說。根若宜用，則阿那律陀不應得圓通矣！豈不與經旨相違耶？」（《卍續》23，頁703）而在解釋「則汝現前眼耳鼻舌及與身心，六為賊媒，自劫家寶。由此無始眾生世界生纏縛故，於器世間不能超越」（《大正》19，頁122）時，也說：

> 交光自立決定用根之義，而根為四大四微所成。若指塵為賊，則根亦賊伴，非決定可用之法。……後卷十方如來告阿難言：「汝欲識知俱生無明，使汝輪轉生死結根，惟汝六根，更非他物；汝復欲知無上菩提，令汝速證安樂解脫寂靜妙常，亦汝六根，更非他物。」今文初指六為賊媒，所謂淪生死惟六根也；後云六湛圓明本所功德，所謂證妙常惟六根也。心有真、妄，根亦真、妄，何獨用根不用心耶？（《卍續》23，頁818～819）

靈耀雖是在批評真鑑之說，卻於不知不覺中也暗合於真鑑之說。這由先是主張根為色法，「非決定可用之法」，後來卻又說「證妙常惟六根也」，豈非正合於其所批評的真鑑「用根」之說嗎？不是正與其批評根為「非決定可用之法」相互矛盾嗎？實則靈耀到此已無法否定「證妙常惟六根也」，不得不說「心有真、妄，根亦真、妄」，企圖以此來否定真鑑之說。然而，卻又有意模糊心與識之別，而說真鑑是「何獨用根不用心耶」。其實，真鑑不用的這「識」，正是靈耀在此所說的「妄心」，而其用的「根」，正是靈耀在此所說的「真根」，這「真根」正通於「真心」。

　　關於靈耀這批駁真鑑根中之性之說為非，自己卻又陷入主張由根中之真可修入的說法，其實不只此處。如他在詮釋經文「阿難，汝今欲逆生死欲流，返窮流根至不生滅，當驗此等六受用根誰合、誰離？誰深、誰淺？誰為圓通、誰不圓滿？」（《大正》19，頁123）時，曾說：「前來多言六根是妄，今云『至不生滅』，知根中有真。」（《卍續》23，頁823）這「根中有真」的說法，不

正同於眞鑑根中之性的說法嗎？又如在詮釋淪生死與證妙常皆是六根的經文時，也說：「交光云決定用根、決定不用識，實引今文爲證，但圓教法門元無揀擇。若以別意甄分：淪生死者，乃凡夫之六根；證妙常者，乃互用之六根，又不可不辨也。」（《卍續》23，頁 844～845）在此特地又將六根區分爲淪生死的「凡夫六根」，以及證妙常的「互用六根」，而認爲「不可不辨」。實則其所謂的「凡夫六根」，正是其所執來破斥眞鑑的、作爲色法之根。然而，眞鑑「從根」之說所言的「根」，其眞意卻不是這「凡夫六根」，而是「根中之性」，即靈耀在此所說的「互用六根」。這點眞鑑本自區辨清晰，問題實是出在靈耀。而靈耀在詮釋「十番顯見」第三番的匿王觀河一事時，也曾說：

> 問幾年見恒河者，的指見爲眞性也。或疑此見是根中之見，不知根中之見實離根、塵。良由妄心未除，所以見性隨緣流轉生死。若見性離妄，亦離諸緣。若以識心攀緣，則根、塵永不可絕；不起識心，根、塵安在？欲返眞源，捨此見性更無路矣！交光不達此意，獨倡用根不用識之說。（《卍續》23，頁 653）

在此所說的「的指見爲眞性」，「欲返眞源，捨此見性更無路」，不正同於眞鑑之說嗎？而「若以識心攀緣，則根、塵永不可絕；不起識心，根、塵安在」，不正同於眞鑑所言的「不用識」、「捨識」嗎？至於在此特別強調「根中之見實離根、塵」，眞鑑在對於「十番顯見」之首番經文的詮釋中，也早已就盲人矚暗一事，指出其揭示了見性是「內不依根」與「外不循塵」（《卍續》18，頁 357），「迥脫根塵」（《卍續》18，頁 358），而這與靈耀所言，又有何差別？那麼，靈耀在對盲人矚暗的詮釋中所作出的批評，是否也同於此處，完全無效呢？靈耀的說法是：

> 交光……云取根性爲因心。……取根足見悟門之謬。如今文中，取盲人矚暗驗見性無虧。彼盲人眼根已壞，而見性宛然則已脫于根、塵之外。交光反云是取根中之性，可乎？況眾生見聞之性，雖曰在六根中，而未始少帶根、塵。佛因鈍根不解，不得已而取盲人爲例，所以建首辨見即離根、塵。如云「前塵自暗，見何虧損」，離塵也；「見性是心非眼」，離根也。……若脫根、塵，方是以不生滅心爲本修因，然後圓成果地修證。此是要義，不得不辨。……交光不知此義，反欲取根。（《卍續》23，頁 640～641）

靈耀在此所說的「取盲人矚暗驗見性無虧。彼盲人眼根已壞，而見性宛然則

已脫于根、塵之外」，以及「『前塵自暗，見何虧損』，離塵也；『見性是心非眼』，離根也」，與真鑑的說法又有何差別？而其也明白指出以盲人為例的原因，是「因鈍根不解」才舉此例，換言之，以盲人為例的作用，只及於借盲人之眼根已壞，來「驗見性無虧」，不應當以此來作為質疑真鑑「取根中之性」的事例。此外，靈耀批評的前提更是有誤。他將真鑑「取根性為因心」的主張，簡化為「取根」，說「交光不知此義，反欲取根」，然後批評說「取根足見悟門之謬」，並進而以眼根已壞的盲人為難。實則真鑑的「取根性」，其意為「取根中之性」，真要簡化，也應當說為「取性」。根中之「性」，才是真鑑主張要取的目標。

然而，如果這「性」真的是在根中，則該如何來回應根壞的情況？事實上，此性非屬於根，若屬於根，則根壞時，豈非亦無？則盲人何以又能矚暗？然此性亦不離於根，以離於根，則性不徧，豈是真性？因此，經文開展到第九番顯見時，便指出「離一切相，即一切法」（《大正》19，頁 112）這不即不離的實況。而真鑑主張由根中取性，並不是要在理上執取一偏，而是就事上而言，就欲依本經修習者現前如何脫得根塵而言。因為眾生離此六根，實無由得見此性，因此要即眾生根中可用可修之性來指出。若真要如靈耀所說的「若脫根、塵，方是以不生滅心為本修因」，則眾生該如何先脫離根、塵來尋找本修因？關於這一點，或許曾大加非難真鑑之說的傳燈，其說法倒可作為真鑑之說的最佳註腳，且可以解決靈耀的質難。傳燈的說法是：「當約根以離根。即所觀根性雖藉根，而實不用根。直觀見精暎色、聞精暎聲之性居於根塵之間。」（《卍續》19，頁 628）雖然傳燈是以台觀來詮釋《楞嚴經》，不過，其「約根以離根」，「根性雖藉根，而實不用根」的說法，似乎正可以解決這一紛爭。因此，靈耀以根為色法來質難真鑑的「用根」之說，經由以上的檢討，可知其也實屬無效批評。

總結以上的考察結果，不論是在「捨識」或是「從根」的方面，靈耀的批評，多屬誤解真鑑所說之真意，而且其背後，還夾雜了為台宗止觀修法在詮釋本經時的合理性張本的企圖，使得其批評未能客觀而有效。倒是藉由對其批評的考察，可以發現，其實靈耀的許多主張，是可以合於真鑑之說的。這或許可以作為有意彌合雙方裂痕時的一個重要切入點〔註 48〕。總而言之，

〔註 48〕關於真鑑與天台宗人因對於《楞嚴經》的詮釋不同而引起的紛爭，為一項十分重要的課題，值得日後再進行深入研究。

眞鑑主張「捨識從根」的這一個大方向，就本經而言，可說是符合本經所要傳達與讀者的訊息，殆無疑義。

參、眞鑑對於由識修入圓通的看法

由於歷來針對眞鑑「捨識」一說提出質難者，多屬天台宗人。因此，在此特別要針對眞鑑是否眞的認爲用識不能成就一事進行澄清，用意則在期盼能藉此來消弭雙方因誤解而造成的意氣之爭。

根據以上的考察，可知眞鑑之所以主張「捨識」，是就本經的正義而言，亦即遵循本經開展的脈絡來進行詮釋，這是根源於其特重語脉、重視經文結構的研究方法。然而，如果因此而誤以爲其不明瞭能夠以識爲修入圓通的途徑之一，則恐怕並未深入地了解眞鑑的詮釋。事實上，眞鑑並非絕對認爲用識一定不能修入圓通。他在「圓彰七大即性周徧」（《卍續》18，頁457）一科中言及「識大」的最後，即已略微點到。他說：

> 問：此經首先正破識心，如七處曲搜、三迷決了，名義皆妄，畢竟無體。乃至顯見文中，又復旁兼相形而破，未嘗少假寬容。何後於十八界即已許爲如來藏心妙眞如性？至此愈稱其周徧法界，含吐十虛，是即性之全體，而同彼開顯見性之極量。何前乃妄之至，而後則眞之極乎？
>
> 答：前約初心悟修，須從方便決擇眞妄：捨生死根本，取涅槃妙心。則識須破盡，決定不用。後約圓解普融，無法不眞，無法不如，乃至刹塵念劫，無非一眞法界。何況識心不融法界？（《卍續》18，頁481）

眞鑑在此的問答，本來是爲了解決經文前後對於識心的不同處理。就經文來看，在經首是極力破識心爲妄，然而，到了四科，「即已許爲如來藏心妙眞如性」，而七大時更是「愈稱其周徧法界，含吐十虛，是即性之全體，而同彼開顯見性之極量」。尤其是眞鑑在詮釋經文「汝元不知如來藏中性識明知，覺明眞識，妙覺湛然，遍周法界」（《大正》19，頁119）時，也明白宣說「性識明知者，性眞之識，即妙明之知。覺明眞識者，本覺之明，即性眞之識也。性識、眞識，以性融大之辭也。明知、覺明，直目性體之意也。總是性識融即之意。」（《卍續》18，頁480）可知眞識即爲性識，性與識並非如經首處之勢不兩立，而是「性識融即」。這前後對於識心眞妄的看待，可說是不同的兩個

極端。對此，眞鑑指出，這是由不同的角度來看待識心所致。經首之以識心爲妄，是「約初心悟修」，是就事上要「決擇眞妄」而言。而後來的「性識融即」，則是「約圓解普融」，在理上必然如此。

然而，理上既是「性識融即」，則在事上，識心便顯然未必是絕對不能修入的管道。眞鑑其實也看到且認同這一點，因此，他在詮釋「六識圓通」（《卍續》18，頁 608）的開頭處，便先就這個問題發表其看法。他說：

> 夫經初徵破識心，呵爲生死根本。眾生誤認，枉入輪迴；權小依修，竟無實果。何今復可入圓通乎？……夫識雖塵影，虛妄之極，而離一眞見分，無別自體。譬影之於水，雖極虛妄，而離水無別自體。但迷執者認識忘眞，而橫成流轉。譬癡人認影忘水，而誤遭淪溺。利害非細，不得不呵也。倘悟者，即識見眞，而識非眞外，圓通何疑？如智者觀影知水，而影非水外，尚可得水之用，豈遭其淪溺乎？故此六聖并後彌勒，皆能即識見眞，故皆證於圓通而無礙也。（《卍續》18，頁 608）

眞鑑先指出問題，即經初既已對於識心大加破斥，如今如何又說其可修入圓通，這看似爲前後矛盾之說。對此，他先承認識雖然是「虛妄之極」的塵影，不過，其體卻是「一眞見分」。他以水與影的關係爲喻，指出影雖虛妄，卻是「離水無別自體」，以此來說明妄識與眞性的關係，是妄識不離眞性。既然如此，在經初又何需非斥識心？眞鑑認爲，問題是出在「迷執者認識忘眞，而橫成流轉」。換言之，識雖是以眞性爲體，卻不意味著識即是眞。一旦「認識」而「忘眞」，便會造成「認影忘水」而「誤遭淪溺」的後果。這便是經初要非斥識心的原因。然而，這「認識忘眞，而橫成流轉」的關鍵，卻並不在識本身，而是在「迷執者」。其反面的意涵，便是「迷執者」轉爲「悟者」，不「迷執」於識，能夠「即識見眞」，由妄識而見其性眞之體，則理所當然地可以由此修入圓通。對此，眞鑑仍沿用影水之喻，指出「觀影知水」，則不只能「得水之用」，同時也能避免「遭其淪溺」的後果。而這便是舍利弗等六聖能由六識修入圓通，以及彌勒由識大能修入圓通的緣故。

由上述眞鑑所發表的看法，可知其確是認爲由識也可修入圓通，毫無疑義。既然如此，何以其又要極力突出「捨識從根」之說？關於這一點，他在發表了由識也可修入圓通的看法之後，特別再補上一段問答，這段問答，便是眞鑑如此詮釋本經的用心所在。他說：

問：如來何不直令人即識見眞？何必呵之，而必教人依根入乎？

答：偈云：「聖性無不通，順逆皆方便。初心入正定，遲速不同倫。」正以塵、識皆遲，而惟根最速故也。譬呵二乘，豈是終不成佛？但劫經塵點，遲純（筆者案：當爲「鈍」）之極，故呵初學勿發是心也。（《卍續》18，頁 608）

由這段問答可知，眞鑑之所以要極力彰顯「捨識從根」，並不是要仕理上計較根與識二者孰能修入、孰不能修入的問題。事實上，就理上而言，是「聖性無不通，順逆皆方便」。然而，就事上而言，亦即實際修行的層面，則必須作出揀擇。關鍵便在於「初心入正定，遲速不同倫」。這是在比較過由根、塵與識三者之後，確認了由塵與識入手而修，其成就的速度遠遲於由根入手而修。換言之，這並未否定由塵與由識而修可以成就，也就是眞鑑所說的「譬呵二乘，豈是終不成佛」，最終的歸趨當然相同。然而，就過程的遲速而言，卻是「劫經塵點，遲純（筆者案：當爲「鈍」）之極」與「最速」之別。這「彈指超無學」（《大正》19，頁 945）的「惟根最速」，正是眞鑑要特別提出且極力彰顯「捨識從根」說的眞正用心所在。明乎此，主張由識而修者，應當可以不再對眞鑑的「捨識從根」之說有所誤解與非難。

第六章 結 論

　　關於眞鑑所提出的「十番顯見」之說，其在《正脉疏懸示》中，曾明白指出「解中判科、釋意，大異舊說」。其所謂的「舊說」，指的便是由元代天如惟則所會集的唐、宋九家詮釋《楞嚴經》的注疏，再加上其個人的見解而成的《楞嚴經會解》。自惟則《會解》成書後，風行海內，在有關《楞嚴經》的詮釋方面，幾乎成為一家獨尊的局面，綿延至明萬曆年間的眞鑑時，已將近二百餘年。眞鑑之所以會提出異說而另行詮釋《楞嚴經》，撰作了其有關《楞嚴經》的三部著作，分別是《楞嚴經正脉疏科》、《楞嚴經正脉疏》與《楞嚴經正脉疏懸示》，其原因，一方面是因為其學習歷程，在經歷過天台與華嚴二家的洗禮後，對於《楞嚴經》的體會，漸覺與《會解》所闡述的大異其趣。另一方面，則是有鑑於當時在關於《楞嚴經》的詮釋方面，有「重註罪經」的時代之弊。在此個人創新體悟與欲矯時代之弊兩方面的相互激盪下，提出其「大異舊說」的新主張。

　　關於眞鑑所提出的「異說」，在其注疏過程中，即已有「風聞而交謗者」，也有「面斥之者」。而成書之後，毀譽參半，同時，也激揚起《楞嚴經》詮釋史上最大的爭議，一直持續到民國時，仍有支持其說者與加以論難者。而最大的焦點，便在於其所獨家提出的「十番顯見」之說。

　　關於眞鑑所提出的「十番顯見」之說，透過前文多方面的探究，可以清楚地得出以下的幾項結論。

壹、在判科方面

　　首先，是關於眞鑑在「判科」方面所提出的「異說」。經過筆者的考察，

發現真鑑所提出的「十番顯見」的科判，相較於前人，不論是唐、宋注疏中的科判，或是《會解》中的「隱結構」，在結構上，都顯得更為扼要清晰，並且突出了其「顯見」的主題。而對於「十番顯見」在其整體詮釋中的定位，真鑑除了以科判的方式來呈現外，更深入全經的義理結構，分別由「宗趣通別」與「入道方便」的角度來多方定位，可說是以多重結構的定位來豐富「十番顯見」的意涵。而其所以會有如此超邁前人的研究成果，關鍵應該是在於其在方法學上的轉向與建立。由《會解》會集諸家之說並附以己意的詮釋方式，轉為有意識地將前人原本作為一般方法論的科判，提升為特殊方法論，並建立了有關科判的方法學。然而，真鑑這樣的作法，固然能得出超越前人的創見，卻也不免有結構優先於主體，以及共時性優先於貫時性的疑慮產生，關於這部分，筆者也嘗試提出反省。以下將就上述諸研究成果，扼要地加以說明。

一、結構扼要清晰，突出「顯見」的主題

筆者透過比對《會解》所徵引的唐、宋九家注疏中，今日尚可見到其科判者的四家，分別是惟愨、子璿、仁岳與戒環的科判，發現四家結構所呈現出來的重點，各有偏重。對於各家說法的出入，《會解》則以「破妄見」一說來統合諸家異說。然而，如此的詮釋，卻不免陷入真鑑所批評的「標、釋全不相應，破、顯兩無決定」的情況。

相較於《會解》及其所徵引諸家的分科而言，真鑑對於這十番經文的科文，則顯得條理特別清晰，重點特別集中而突出。就這十番的科文來看，可以明顯地看出首番的「指見是心」為其核心，而其後的九番科文——「示見不動」、「顯見不滅」、「顯見不失」、「顯見無還」、「顯見不雜」、「顯見無礙」、「顯見不分」、「示見超情」與「顯見離見」，則都是圍繞著首番的「指見是心」進行正面的闡述。如此的科文，很明顯地，關注的焦點完全集中在「發明見性」上，突出了其所要彰顯的「顯見」的主題。在真鑑之前的科判中，唯一較為相近的，則應該是子璿《楞嚴經義疏注經科》中前一後九的結構方式。不過，子璿前一的「且示見性惟心」，其所用的「且示」二字，似乎意味著首番經文並非真正的重點所在，這一點與真鑑將首番科為「指見是心」，並以此為主幹而極力強調、發揮的態度，可說是大相逕庭。

對於真鑑「十番顯見」的科判結果，雖然清代的靈耀，曾對其提出「平頭十王」的批評，不過，經筆者考察後，發現「十番顯見」雖然看似是「平

頭」，卻並不是「十王」，而是只有「一王」，即首番的「指見是心」，後九番
則實不足以與首番並列爲「王」。因此，「十王」的批評並不允當。倒是「平
頭」與「略無統攝」的批評，則似乎說中了眞鑑後九番科文的情況。這是由
其結構並未在層次深淺上多作著墨所作出的批評。雖然眞鑑的後九番看似「略
無統攝」，不過，筆者還是發現了眞鑑曾作出兩種概略的結構區分。第一種，
是以二至四番爲揭示心性要義，五至十番爲「搜其餘疑」。關於這部分，筆者
由另一個角度，指出如果不預設揭示心性意涵這項標準，則由第五番開始，
當爲探討由比量轉爲勝義現量的課題，則關於十番經文的層次，似乎應該有
逐漸深入的傾向。另一種概略結構，則是以首番至七番爲「分眞析妄」，第八
番則爲「泯妄合眞」。對於眞鑑只說到了第八番爲「泯妄合眞」，筆者也接續
其說，代其指出第九與第十番應是對於「泯妄合眞」的超越，似乎可以名之
爲「超情離見」。若由「分眞析妄」到「泯妄合眞」，再進到「超情離見」，則
「十番顯見」便顯然具有逐漸深入的層次。只是在這有關十番層次的問題方
面，眞鑑似乎並未多加措意。

　　而關於眞鑑所獨創的「十番顯見」，明代的智旭，曾提出其「巧取」宋代
德洪《合論》之說的看法。經考察後，發現眞鑑是有取有捨，有承襲也有創
新。在段落的劃分上，雙方幾乎近同。就這方面來看，確實是可以見到《合
論》的影子。不過，在詮釋進路與強調的重點方面，則有所出入。尤其是《合
論》所主張的「破滅無明」的遮詮方式，可說與眞鑑的非斥遮詮、主張唯一
表詮、強調「顯見」的方式是大相逕庭。而根本的差異，還在於眞鑑在「十
番顯見」中所最重視的首番的「指見是心」，《合論》則並未列入其「九段義」
中。

二、以多重結構來定位「十番顯見」

　　關於眞鑑所科的「十番顯見」，除了可以由其本身的內在結構來認識外，
還可以發現眞鑑對其有不同角度的意義型塑，包括了由全經判科、宗趣通別
與入道方便三個不同的角度來豐富其意涵，可說是一種多重結構的定位。

　　首先，就全經判科的角度來看，可以得知「十番顯見」的終極目標，是
在揭示出本經所要宣說的「妙定」。而其定位，則是在「具示妙定始終」的過
程中，擔負著指出其入路爲「根性」的關鍵性角色，由此「根性」入路一路
「顯眞」地指向眞心。因此，必須將眞鑑的「十番顯見」置於其在全經中的
定位來看，才能領會眞鑑如此重新科經的一番苦心，是在於極力彰顯出「根

性」這一扇開啟真心的門戶，突出其重點所在，這才是真鑑有別於《會解》諸家的獨出手眼之處。就這方面而言，《會解》則是將十番的經文，定位在整個「漸顯真性」過程中，屬於第二階段的「破妄見」的工作。如此一來，自然也就並未將這十番經文視為進入真心的門戶，也未特別彰顯出「根性」這關鍵性的鎖鑰。

除了由全經判科來定位「十番顯見」的角色外，真鑑還採取了華嚴宗的「宗趣通別」的解經方式，由義理結構的角度來給予「十番顯見」定位。他將本經的宗趣，分為「破顯、偏全、悟入、體用、行位、分滿」六對。「十番顯見」，正是位於第一對「破顯」中的「顯」的部分。其「顯發根性」，作為入真真正的門戶，由此而開展出後文的圓悟、得門、證體、發用、運行、歷位，直到最終的「圓滿菩提」。就全經的義理結構來看，「十番顯見」正是定位在入真的義理門戶之處。

此外，真鑑還就「入道方便」的角度來定位。真鑑指出，就進入妙奢摩他而言，是以「悟見是心」為入門的「初方便」。而這「悟見是心」，指的正是「十番顯見」的經文所彰顯出來的義理。因此，就「十番顯見」的定位而言，雖然在前文探討全經判科時，已得知其繫屬於「說奢摩他，令悟妙心本具圓定」之下，不過，當其與妙奢摩他的關係，由這「入道方便」的角度切入，則更能彰顯出其在開解處的實踐功能，而由此也才能開展出後文妙三摩的契入處，以及妙禪那的修證處。就這個角度來看，雖然真鑑只說出「十番顯見」是妙奢摩他的「初方便」，不過，實際上應該可以說，「十番顯見」是妙奢摩他、妙三摩與妙禪那一貫而下最初的「初方便」，是本經一切顯真過程中最初的「初方便」。必須如此說出，才能彰顯出「十番顯見」在「入道方便」中的定位及其重要的程度。

三、方法學的轉向與建立

相較於《會解》所採用的會集諸家要義並附加己說的方法，其並未明言去取的義理標準何在，以及如何將各家詮釋脈絡中所摘取出來的部分，融合成為新的一體成形的脈絡，而只是對於詮釋過程中的「隱略乖隔處」，簡單地以「附己意」的方式來加以彌縫的處理，真鑑在方法學上的自覺，則顯得相對更為清晰。其在《會解》之後重新架構本經，是對於結構在經文詮釋的過程中，所佔有的地位的一種重新肯定，乃至豎立了詮釋經文時的權威依據。而《會解》在進行詮釋活動時，則並未特別重視結構方法。

　　關於眞鑑在研究方法上的自覺，可以由兩方面來看出。一方面，其運用華嚴宗「十門分別」的解經方法，不同於惟則僅以個人觀點的角度來取捨前人之說。另一方面，眞鑑在承襲華嚴宗「十門分別」的解經方法外，還有所超越，提出了屬於其個人獨到的詮釋主張，這主張便是特重語脉與科判的解經方法。關於這點，筆者透過比對了唐代法藏的《華嚴經探玄記》、澄觀的《大方廣佛華嚴經疏》，以及宋代子璿的《首楞嚴義疏注經》三部著作中所提出的「十門分別」，發現眞鑑在前人原本為「前八義門，後二正釋」的「十門」中，獨創加入既無法歸屬於「義門」，也不屬於「正釋」，而是屬於研究方法的「科判援引」一門，可說是將前人作為一般方法論的科判，提升作為特殊方法論。而筆者也詳細深入查考了其在實際操作上，突出這項方法的實際作為，包含了其著作名稱獨標「正脉」，強調「本經元來脉絡」、「聖經本來語脉」，並在實際進行經文詮釋時，時常特別突出其特重語脉的這項主張，甚至在遭遇疑義之時，是以語脉來作為最高的仲裁判準。此外，他還特地為科判建立了方法學上的系統，不只將科判的類型區分為「本有科」、「分文科」、「約義科」與「生起科」四類，並進一步介紹了各科的意涵、作用與要點，還特別針對前人科判的流弊，提出了製科時「最不宜行輩錯亂」的注意事項，乃至特創了兩項在實務上十分實用的作法：一是在科文前頭，標出天干與地支來區別科文的層次。其次，是在每一大科結束之處，標明「某大科已竟」。凡此皆可以看出，其在方法學上之轉向與建立方法的自覺。

四、結構優先於主體，共時性優先於貫時性的方法

　　關於眞鑑特重語脉與科判這種以結構為方法的作法，筆者借重西方的結構主義，發現眞鑑詮釋背後的預設，有結構優先於主體與共時性優先於貫時性的特點。對於其以此方法作為詮釋《楞嚴經》時的最高而且是唯一的判準，筆者則進行了方法學上的反省。

　　在對於其結構優先於主體這項特點的反省中，筆者指出，眞鑑對於結構與意義的關係，似乎較傾向於以等同性來看待，而不是視為可理解性。如此的作法，便難免會較為忽略了主體對於意義的產生，以及對於結構的形成所具有的影響，同時，還可能忽略了承認不同主體的詮釋可能，而造成某種方法學上之宰制行為的出現。因此，筆者認為，當承認眞鑑對於《楞嚴經》的詮釋在結構上的貢獻時，還必須同時對於這種方法的局限性有所警醒，必須對於詮釋者（讀者）生命的多元性具有開放的關懷，允許生命的成就具有溢

出於結構的可能性，而不應以為只有以遵循經文脈絡的理解方式為唯一的成就途徑。這由筆者所舉的文遂、遇安與子璿等諸師的成就機緣即可得到印證。

而在對於真鑑方法中，共時性優先於貫時性的反省方面，筆者指出，在真鑑的結構中所存在的前後、大小的各個單元，其存在並非具有時間上的先後關係，而是先於時間的存在。這種重在共時性的方法，難免會遭受到「腹稿」的質疑，亦即共時性優先於貫時性的批評，而忽略了歷史的貫時性對於共時性，仍有其不可化約的特殊性。這應該可以作為特重以結構為方法者的一項重要的提醒。

貳、在釋意方面

關於真鑑在「釋意」方面的「異說」，經筆者考察後，發現真鑑在有關「十番顯見」的詮釋進路上，一改《會解》以破妄為主的詮釋進路，以及破顯並存的詮釋方式，而是單提「正脈」，以顯真為主，並由其顯真的進路來辯破《會解》與彰顯己說。此外，除了揭示出「十番顯見」以「顯見性」為核心要義外，真鑑還進一步指出「十番顯見」同時揭示了心性的寂、常、妙、明與周圓五義。這項作法，不只是對於真心的正面揭露，也證成了十番所言之見性通於後之藏性，為本經特重之「本修因」。而真鑑對於「十番顯見」最重要的發明，則在於提出「捨識從根」之說。其有別於《會解》之以根為色法，而另立天台止觀的修法，指出「捨識從根」而修即為本經所言之真性定——楞嚴大定，並獨家深入發明了「捨識從根」即為《法華經》所言之實教、佛知見，以及為禪宗所言之「直指人心」等主張，可說是大有功於《楞嚴》奧義之闡發。以下將就上述諸研究成果，扼要地加以說明。

一、單提「正脈」，以顯真為主的詮釋進路

關於「十番顯見」的經文，真鑑重新進行詮釋的一項重要原因，在於其認為《會解》將十番的經文定位為「破妄見」的說法有誤，而主張詮釋的重點應該是在「顯真」。雙方的出入，其實突顯出來的是詮釋進路的不同。

根據筆者考察的結果，發現《會解》所以會主張以「破妄見」作為詮釋進路，應該是與其處理的重點是在「阿難見相」的「緣塵分別之見」，這屬於妄見的「眼見」有關。雖然如此，就《會解》的詮釋來看，其確實是明白本經所要彰顯的目的是在「心性常住」。其所說的「當知如來從麤至細，自淺而深，開示阿難奢摩他路」，正是對其詮釋進路與目的的說明。所謂「從麤至細」，

指的是破妄的部分，而「自淺而深」，則是指顯眞的部分。在《會解》的看法中，經文的開展，是妄消眞長的過程，而眞與妄的消長在「破妄見」（即十番經文處）的部分相互交疊，因此，才會呈現出破、顯並存的詮釋模樣。破與顯，其實是看似相反、實則相成的關係。而其「顯眞」中所看重而要闡釋的「眞」，則指的是第十番「離見乃眞」、「性脫於見」的純眞無妄「眞見」，因此，才會在首番說「漸明眞見」。這顯然是以第十番爲目標所作出的漸破漸顯的詮釋。

眞鑑的作法，則一反《會解》破、顯並存，以破妄爲主的詮釋進路。筆者發現，眞鑑的顯眞進路，可說是經由顯眞主題的確立，顯眞主題的集中發明，以及顯眞主題的延續發揮的三階段來完成。眞鑑先確立顯眞的主題，是在首番「指見是心」的部分，而所顯的對象則是「見性」。關於這點，可說是造成其與《會解》詮釋進路不同的關鍵所在。因爲《會解》是將目標設定在第十番經文中純眞無妄的「眞見」，所以會呈現出漸破漸顯的過程。然而，眞鑑則將「顯眞」的「眞」，設定在首番眞中帶妄的「見性」，認爲是本經眞正要豁顯的重點所在，是顯眞的門戶、關鍵，由此大本而開展其後的詮釋。至於首番經文與「是心」同時提及的「非眼」，眞鑑則認爲並非重點所在，不同於《會解》之同時注重到「非眼」的闡述。確立顯眞的主題後，眞鑑則將後九番經文，全都定位在對於見性的發明上，集中發明顯眞的主題。至於妄的部分，則認爲只是兼帶的性質，並非經文所要處理的重點。而根據筆者詳細的考察，發現眞鑑在對各番經文進行詮釋時，確實是將火力完全集中在「顯眞」的主題上。由原本的眞妄和合，到第十番的顯出眞見，可說是將「顯眞」的主題發揮到了極致。而眞鑑這以顯眞爲主的詮釋進路，不只在「十番顯見」的範圍內發明，甚至還延續到「十番顯見」之後的部分。對於後文之剖出二種見妄，眞鑑認爲，其目的還是在「出眞」，雖然「似破」，卻是「實顯」。而眞鑑認爲對於見性的彰顯，則是一直延續到此二種見妄後的「破和合」與「破非和合」的部分。而在此之後，雖然主題已由見性轉爲如來藏性，不過，眞鑑藉由指出見性只是如來藏性的「偏名」，來持續發揮其「從根指心方便」的顯眞詮釋。這種以「見性」綰合前文的「十番顯見」與後文的會通四科、七大，將詮釋的焦點完全集中在「見性」上的作法，在後文會通四科、七大的詮釋過程中，眞鑑仍屢屢重覆強調。

由上述三階段的考察，可看出眞鑑一以貫之的、由見性而一路直入如來

藏性的顯真的詮釋進路。

而真鑑除了提出顯真的詮釋進路來發揮己說外，還以此來辯破《會解》看重「眼見」的破妄進路，辨析「心目雙徵」、「舉拳類見」與「盲人矚暗」喻的用意實是在心，並藉此突出本經的用意是在由根性顯真心。

二、指出「十番顯見」中的心性意涵，證成見性通藏性，為本修因

真鑑除了在詮釋進路上重新釐定為「顯真」，使詮釋主題突出而鮮明外，還進一步發明了「十番顯見」中所蘊含的寂、常、妙、明與周圓這心性五義，證成了見性通於後之藏性，為本經特重之「本修因」。

真鑑認為，除了就經文表面可見的「見性」主題之外，經文背後還同時具有對於心性的回應。因此，除了在首番的詮釋最後，約略點出向後九番顯見皆是在揭示心性五義外，其還於各番之首明白標出該番所顯之心性意涵。不過，真鑑在經文詮釋中則並未加以說明。對此，筆者特為真鑑詳加推演其未發明的過程。

此外，筆者還考察了真鑑提出心性五義之說的用意，一方面是接續前文，指出至此即為對於真心的正面揭露。關於這一點，其實在〈《會解》敘〉中早已寓有此意，只是《會解》僅僅是以「因見顯心，因心顯見，雖心見互顯，而正顯在心」短短數語帶過，而未大加發明。因此，有關「十番顯見」是「正顯在心」一事，是「對於真心的正面揭露」，其大加發明，終當歸功於真鑑無疑。另一方面，真鑑則是藉此見性具有心性五義，在理論上證成了見性通於後文的如來藏性，銜接了前文的見性與後文的如來藏性的關係，抉發出二者實為一體的精義。這除了是為了一矯前人割裂見性與藏性，而模擬藏性另外立諦修觀的方法，更重要的，則是為了在實際修行操作時，以「十番顯見」所彰顯出的根性來作為本經特重的「本修因」，使本經所悟與所修、前悟與後修貫通為一。必須由這個面向，才能真正認識真鑑抉發見性通於藏性這項精義的苦心。

另外，筆者還藉由全面性地就真鑑對於全經所涉及之心性詞語的詮釋進行考察，確認了在真鑑的詮釋中，心性五義實足以涵蓋其對於全經心性意涵的詮釋。就這一點而言，足證「十番顯見」在全經中的重要程度，以及真鑑特別提出「十番顯見」的用心。而關於真鑑並未明言有何心性意涵的第九番與第十番的詮釋，筆者也大加發明其說，指出其已超越了對於心性五義，即心性意涵之具體表述的層次，而是已離於偏計之知的「超情」，以及離於依他

起性而達到圓成實性的「離見」，圓滿地彌補了心性五義的未盡之意。

三、提出「十番顯見」的深層意涵──「捨識從根」

眞鑑對於「十番顯見」最重要的成就，便是抉發出其「捨識從根」的深層意涵。這部分的發明，迴異於《會解》所言。

根據筆者的考察，發現眞鑑是以「破識指根」或「破識顯根」來作爲根本認知的確立。而「捨識從根」，則爲由「破識顯根」的正確認知，進入到實際宗教實踐上有關入手方法的取擇，亦即捨棄以識心爲本的修行方式，而依循以根性爲本的修行方式。這「捨識從根」之說，雖然是由「十番顯見」而來，不過，其涵蓋的層面卻並非只是十番的經文而已，而是統攝了《楞嚴》全經的要義。眞鑑曾將《楞嚴》全經的要義總結爲「十字」，分別是「捨識從根」四字與「揀止觀重圓通」六字。對此，筆者在其立論上再予以推求核心之核心、精要之精要，將其詮釋推展至極，得出全經核心要義之極致，便在於「十番顯見」所揭示出的「從根」二字。因爲「揀止觀」實是爲了「重圓通」，所以可以涵攝在「重圓通」中。而「重圓通」又可攝入「從根」之中。此外，止觀是由識而修，圓通是由根而入，又可分別攝入「捨識從根」之中。而「從根」即是揀除識心，因此可說全經核心要義之極致，便在於「從根」二字。眞鑑認爲，眞正稱得上「上智徹通之見」，便是將破識、顯見、「四科、七大，乃至三如來藏、十法界心」，以至後文之圓通修證，完全貫通在根性之中，可說是以根性說來貫通全經經脉。這項發明，開出了《楞嚴經》詮釋史上的「根性法門」之說。

四、發明「捨識從根」即為本經所言之真性定──楞嚴大定

眞鑑對於「捨識從根」的首要發明，便在於闡述其爲本經所揭示出的眞性定──楞嚴大定。眞鑑認爲，「全經一定之始終，更無別意」，重點完全在於揭示楞嚴大定。本經之所以要揭示楞嚴大定，是因爲有所謂性定與修定之別。而這性定與修定之別，也正是眞定與僞定之別。其差別，便在於性定是依本經所主張的不生滅之根性爲本修因，而修定則是依一般止觀所主張的生滅之識心爲本修因。依不生滅爲因而修，則得不生滅之眞定；依生滅爲因而修，則得生滅之僞定。依眞鑑之說，雙方之別，便在於「所依定體」有所不同。因此，他認爲一般止觀所修成之定，既然「不取自性即爲定體」，則「全屬功夫」，只能算是「引起定」而已，而「非自性定」。然而，楞嚴大定的不同，卻是在其是屬於「自性定」，是「取自心本具圓定爲首楞嚴」，而迴異於

「取起心對境止觀為定」。

關於楞嚴大定與尋常偽定之別，真鑑是以三義來總結之，分別是透過本質、空間與時間三種不同的角度，來指出楞嚴大定為「妙定」、「圓定」與「大定」，以揀別尋常偽定。雖然是分為三義，不過，最根本的關鍵，實是在於首義所揭示出的本質上的差別。楞嚴大定之所以為真定，便在於其是以自性為定體，依不生滅的根性而修。因此，「捨識從根」可以說，便是「捨不真實定而修真實大定」。

相較於真鑑高唱依不生滅之根性方為修習楞嚴大定，《會解》的詮釋立場，是以根為生滅之色法。既有生滅，便未主張由根而修，而是另外納入天台止觀為修習方法，認為楞嚴大定是由天台止觀所修成的。此外，筆者還發現，《會解》關注的焦點並不在於六根本身，而是關注在作用於六根中的真心與妄心上。就這一點而言，其實與真鑑所明白提出的性與識之別，可說有相通之處。只不過《會解》在詮釋時，並未有意識地明白提出，而且多以色法來看待六根，在對此根性的抉發上，便顯然不如真鑑詮釋之深切著明。而既然《會解》在詮釋中對於根性的意識並不鮮明，則在詮釋楞嚴大定時，便自然未主張由根性而修，而是認為楞嚴大定是由天台止觀那種「三一互融」的「妙脩」所成。相形之下，便不得不令人稱歎真鑑之直言「性定」為楞嚴大定的詮釋，確實是更為單刀直入而一語中的。

五、發明「捨識從根」即為《法華經》所言之實教

真鑑在其詮釋中會言及《法華經》所言之實教，原本只是為了說明《楞嚴經》宣說的因緣，是為了完成《法華經》所未完成的「廢權立實」。然而，其這項發明，卻正是由「捨識從根」之說而來。因此，即便真鑑並未明言「捨識從根」即為《法華經》所言之實教，不過，在其發明中的確蘊含了此意，故而筆者特將其深意抉發出來。

真鑑的詮釋，是由《法華經》中並未針對權教與實教的「微細網目」詳加說明，因而給予了詮釋者發明的空間這一點來切入，以其對於《楞嚴經》用根與用識之別的主張，來作為《法華經》權實之別的內涵。其詮釋的開展，可以概分為兩部分。首先，是對於《法華經》所宣說之權實進行界說，其側重點在於「廢權立實」。其次，則是以其所發明的《楞嚴經》「捨識從根」之說，來與《法華經》「廢權立實」之說相結合，以證明其主張。其指出關於《法華經》所要廢之權，便是「錯用識心為本修因」，而所要立之實，則是「能用

根性為本修因」。正因為本經就這兩方面皆明白指出，才能使得原本在《法華經》中徒有其名的「廢權立實」，在本經中得以完成這項廢立的工作，而「畢竟廢之」、「畢竟立之」。由此而說《楞嚴經》之「捨識從根」之說，即為《法華經》所言之實教。

除了為真鑑抉發出這項發明外，筆者還深入檢視其詮釋背後對於權實二教關係的預設立場，亦即權教與實教二者，為相互對立的「廢權立實」，而且是「畢竟」廢立的立場。就真鑑的角度而言，會採取這種預設，當然是為了便於與其對於《楞嚴經》的發明，亦即有取有捨的「捨識從根」之說進行接軌之故。對此，筆者則指出，以台家對於《法華經》之權實的解讀來看，則會認為真鑑對於權實二教的認識未免偏狹，因而對於由此而推演至《楞嚴經》的「捨識從根」，自然也多所非難。筆者徵引了智顗對於《法華經》所言之權實，以及一乘與三乘關係的發明，證明了台家對於《法華經》之權實的解讀，遠不止於如真鑑的解讀般，只有一廢一立、有取有捨這種截然相對的、斷裂的關係而已，還有更重要的，屬於台家獨家精深發明之「即三是一」、「即麁是妙」、「權即是實」那種絕待性之「即」的關係。以此台家所主張的「圓佛之圓因圓果」來看，則會認為真鑑由《法華經》之「廢權立實」而銜接至《楞嚴經》的「捨識從根」之說，「以為成佛必別是一套作法」，便會有因既不圓，「即有所成，亦不是圓佛」的結果，自然也就多無法認同其「捨識」、「決定不用識心」的主張，而多有非難。

六、發明「捨識從根」即為《法華經》所言之佛知見

真鑑對於「捨識從根」之說的另一項重要發明，即在於指出「根性即佛知見」，「此根性法門，亦即《法華》……之體」。其發明的理路，是由《法華經》本身並未對於開、示、悟、入的「佛知見」詳加闡述，由此詮釋空間來銜接了《楞嚴經》中所明言的根性即為佛知見，而作出了這項發明。

首先，真鑑由對於《法華經》之開、示、悟、入的「語意」重新進行詮釋，指出了前人「不詳佛開、示、悟、入語意，雙含性具、修成兩義」。其所謂的「性具」，指的是開顯眾生性具知見，並欲令其自悟此已經開顯的性具知見，而「修成」，則指的是諸佛所示其修證已成之知見，以及欲眾生自入其性具知見。接著，真鑑則就《楞嚴經》相較於其他經典而言，有「金口自釋」的「聖言量」明白指出了「佛知見」，並以此證明「佛知見」即為《楞嚴經》中所揭示的「根性」。就這一點來看，其論述自是較其他家數的詮釋更為有力。

而眞鑑最後對於兩經進行綜合發明，以《法華經》之「開、示、悟、入」爲結構來詮釋《楞嚴經》，彰顯出整部《楞嚴經》的宣說，便是《法華經》「開、示、悟、入佛知見」的具體展開，如此的作法，則證成了其所發明的「捨識從根」之說的重要性，正是諸佛出世的「唯一大事因緣」。

七、發明「捨識從根」即爲禪宗所言之「直指人心」

眞鑑對於「捨識從根」還有一項重要的發明，亦即指出其即爲禪宗所言的「直指人心」。關於《楞嚴經》與禪宗可以相互發明一事，在〈《會解》敘〉中即曾略露端倪，指出「《首楞嚴經》者，……禪門之要關也」，不過，《會解》並未就此多作闡述。而其他前人雖曾發明《楞嚴經》與「直指人心」的關係，卻也都並未如眞鑑一般，明確而具體地就眼前的六根中性來明白指出。就此而言，可說是眞鑑的獨家發明。

關於眞鑑對「直指人心」的發明，主要是由兩方面入手。一方面是就方法──即「直指」的部分，來彰顯出《楞嚴經》是「雙兼直、曲二指」，也有採用「直指」之處，並藉此「雙兼」之說，進一步突顯出《楞嚴經》同時兼具了宗門之示與教家之說，兼具令人「親見」與「從言加解」的優點，使得《楞嚴經》能避免宗與教在接引眾生方面那種「別爲一類之機」的片面性，而具有「普爲羣機，慈悲特然」這種普遍可行性的特點，以此來彰顯出《楞嚴經》的優越性已超越了宗與教。另一方面，則就「直指」的標的──即「人心」的部分，來揭示出其所獨家發明的「根性」，即爲禪宗直指之心，並列舉禪宗中的各種發悟方式爲例證，以禪宗多於六根門頭指示的方式，來與《楞嚴經》之根性相會通。其目的，其實是要藉禪宗來彰顯其所發明的根性。最後，更藉此發明「直指人心」的機會，詳舉了八個單元的例證，涵蓋了整部《楞嚴經》的開展過程，來大彰其《楞嚴經》全經爲「純指人心」的說法，指出全經「始終純指人心，無別餘事」。

除了上述的研究成果外，筆者還特別針對前人對於「捨識從根」說所提出的批評，舉出批評最力的兩家之說詳加檢討，澄清其中對於眞鑑之說的誤解，並深入考察眞鑑對於由識修入圓通的看法。另外，筆者還就破妄與顯眞二者的緊張關係，嘗試尋找出一個可能對話的新詮釋空間。企圖透過以上兩方面的努力，來減低眞鑑之說在《楞嚴經》詮釋史上所造成的衝突。關於這兩項研究成果，扼要分述如下。

首先，是有關對於「捨識從根」說的批評。在這部分的檢討中，筆者主

要舉出批評最力的兩家，分別是錢謙益的《楞嚴經疏解蒙鈔》，以及靈耀的《楞嚴經觀心定解》與《楞嚴經觀心定解大綱》。二家的批評，尤以靈耀為烈。

關於錢氏批評的部分，其對於真鑑「破識」之說的質難，是誤以捨第八識體來詮釋真鑑所提出的「捨識」之說。因此，其批評實屬完全無效。而對於「從根」的質難，則迷名失義，只就真鑑所提出的「從根」二字加以批判，而未曾仔細深入了解真鑑所言的「從根」，指的正是錢氏自己所強調的解脫的關鍵在於根中之性。至於錢氏對於「捨識從根」說的綜合批評，徵諸本經經義，則可謂失其大本，且有自語矯亂之嫌。因為錢氏曾明言以根性為真主人，復又主張識為主人，並以此來駁難真鑑「捨識從根」之說為「有門戶無主人」。因此，總結錢氏對於真鑑「捨識從根」說的駁難，可說是失敗的。

相較於錢氏，靈耀批評的篇幅則遠過之，分別在其《楞嚴經觀心定解大綱》與《楞嚴經觀心定解》中，有專門且多處對於真鑑「捨識從根」之說提出強烈的批判。在針對真鑑「捨識」說的批評方面，靈耀認為真鑑錯會了經文之意，實則真鑑的理解並無問題，甚至還有同於靈耀對於經文的理解之處，問題實是出在靈耀對於真鑑之理解的理解有誤。首先，真鑑指出識心之「不宜用」，用意並非在破「識體主人公」，亦即真意不在破斥「發用之識」，而在於破斥「錯認此識為心」。因此，靈耀以後面經文所談論的性識來非難真鑑之「捨識」，實未對焦。而其以「知見體上虛妄既無，即知見體是涅槃藏性」來批評真鑑之說，其所說的「知見體上虛妄」，實即是真鑑所言的妄識、妄心，而「知見體」則是真鑑所言的根性。所謂「即知見體是涅槃藏性」，其實與真鑑所說的根性即藏性之意實可相通。靈耀之所以大費周章地來非難真鑑的「捨識」之說，其關鍵，便在於「捨識」與天台主張之「觀六識」大相逕庭，影響到台家之說，因而引起台家之人在非難真鑑「捨識」之說的同時，還另外澄清天台觀法是「深得佛旨而立」。

而在對於真鑑「從根」說的批評方面，份量顯然多於批評「捨識」說的部分。首先，靈耀質疑真鑑所倡言的「從根」之說，是偏執於耳根圓通，而且還將作為入道方便之耳根誤解為究竟真實。就靈耀的批評來看，顯然其對於真鑑之說的認識是有問題的。因為真鑑未嘗言根為究竟真實，而是以根性為通於藏性之究竟真實。而這一點，正合於本經所強調的本修因需與果地覺同為不生滅。因此，所謂偏執入道方便為究竟的批評，實是未能深入理解真鑑之說所作出的錯誤批評。其次，靈耀以門門皆可入圓通，來批評真鑑為偏

執於耳根圓通。其實,眞鑑極力倡言耳根圓通,並非偏執,而正是遵循本經所明言的耳根爲當機速修速成之法,這正是完全貼合於本經之意且深入精到的詮釋,豈能說此「對機」是「偏執」?靈耀之以理難事,實無法難破眞鑑的「從根」之說。至於靈耀模糊了稟音教與修入法之間的差別來論難,實則也屬無效。因爲眞鑑曾詳加區別眞正的耳根圓通法門,是在進行修習時,只單取「實爲妙心」、「爲眞教體」的「聽音之聞性」,而「不在於音」。

　　靈耀批評眞鑑的另一項重點,便是以根爲色法來質難眞鑑的「用根」之說。然而,眞鑑所言的「用根」,明指是根中之性,而不是做爲色法的有生滅之根。因此,靈耀的批評也實未能切中肯綮。在此之餘,筆者還發現了其說暗合於眞鑑之說。一者,靈耀先是主張根爲色法,「非決定可用之法」,後來卻又說「證妙常惟六根也」,這豈非正合於其所批評的眞鑑「用根」之說?同時,也與其批評根爲「非決定可用之法」一說相互矛盾。而其既無法否定「證妙常惟六根也」之說,便轉而由說「心有眞、妄,根亦眞、妄」來否定眞鑑之說。然而,眞鑑所捨之「識」,實即靈耀在此所說的「妄心」,而其所用之「根」,實即靈耀在此所說的「眞根」,而這「眞根」正通於「眞心」。此外,靈耀之批駁眞鑑根中之性之說爲非,卻又陷入主張由根中之眞可修入的說法,也正同於眞鑑根中之性的說法。又如其特地區分六根爲淪生死的「凡夫六根」,以及證妙常的「互用六根」,而認爲「不可不辨」,實則其所謂的「凡夫六根」,正是其所執來破斥眞鑑的、作爲色法之根。然而,眞鑑「從根」之說所言的「根」,眞意卻不是這「凡夫六根」,而是「根中之性」,即靈耀所說的「互用六根」。這一點眞鑑本自區辨清晰,問題實是出在靈耀。而靈耀曾說過的「的指見爲眞性」,「欲返眞源,捨此見性更無路」,以及「若以識心攀緣,則根、塵永不可絕;不起識心,根、塵安在」,也同於眞鑑的主張。至於將眞鑑「取根性爲因心」的主張,簡化爲「取根」,則更是其論辯之誤。因爲眞要簡化,也應當說爲「取性」。根中之「性」,才是眞鑑主張要取的目標。關於這一點,筆者發現,曾大加非難眞鑑之說的傳燈,其「約根以離根」,「根性雖藉根,而實不用根」的說法,則似乎正可以解決這項紛爭。

　　總結靈耀的批評,實多屬誤解眞鑑所說的眞意,而且背後還夾雜了爲台宗止觀修法在詮釋本經時的合理性張本的企圖,因而使得其批評未能客觀而有效。倒是藉由對其批評的考察,可以發現其諸多主張可合於眞鑑之說,這或許可以作爲有意彌合雙方裂痕時的一個重要切入點。總之,就眞鑑主張「捨

識從根」的大方向而言，可說是符合本經所要傳達與讀者的訊息，殆無疑義。

而在針對破妄與顯真二者尋找對話的新詮釋空間方面，筆者發現，在保留真鑑的顯真進路與彰顯見性之說的同時，應能將《會解》的「破妄見」之說含攝進來，而不必絕對採取辯破的方式，如此，則或能免於陷入當時如傳燈，乃至後代之相互批評的情況發生。對此，筆者分別由屬於詮釋內容的「真妄」，以及屬於詮釋方法的「破顯」這兩項課題來進行考察。

在探討屬於詮釋內容的真妄課題方面，筆者考察了真鑑顯見性之說的「真」，以及《會解》顯真見之說的「真」，發現真鑑所言顯見性之真，並非純真，而是首番經文中的離根離塵的帶妄之真，換言之，即真妄和合之真。而《會解》顯真見之真，則是在第十番經文中不只離根離塵，並連見精也離的「離見」、「性脫於見」的無妄的純真。雖然雙方一重在發明帶妄之真，一重在破真之帶妄而顯純真，不過，就「真」的部分而言，實可並存無礙。倒是真鑑在顯見性方面的說法，則似乎有值得商榷之處，亦即其不時作出混淆了見精與見性二者的詮釋，而造成了自己的詮釋困境，並且招致傳燈的「將見精作見性，是第二大差錯處」，「交光執見精為真心」，「交光同外道，執八識為真」，以及智旭的「以識精偏指第八，必欲專用之以為體，則是無量劫來生死本，癡人認作本來人，二可痛也」等的批評。即便這可能是因為他要極力強調「眾生分上，捨此無別真體」，所以企圖由兼帶妄見的見精來彰顯見性的權宜之計，只是，一旦混淆了見性與見精，又如何能達成原本期盼讀者認取見性的預期目標呢？

而在真妄課題的另一方面，筆者則考察了真鑑對於破妄的看法。雖然真鑑批評《會解》「破妄見」之說有誤，不過，筆者發現，在真鑑的詮釋中，其實已不知不覺地給予了破妄見存在的空間，其線索便在真鑑「雙徵微意」的第二點——「媒賊相依，責須連帶故」之中。依真鑑「責須連帶」之說，則顯然妄見也有其責，如此一來，豈不是正好呼應了《會解》所破斥的阿難見相的「緣塵分別之見」，而認為媒與賊都需要加以處理？「破妄見」豈不是正有其存在的正當性？同時，其以心為賊、以眼為媒，不也正是《會解》「先破妄心，後破妄見」的理由所在？在這一點上，雙方不是正好可以把臂共行？

此外，筆者還就真鑑將破妄與顯真截然劃分，將破妄見完全壓縮在二種見妄處的作法，指出其問題。首先，即便真鑑將破妄見安排在「十番顯見」之後，也無法否認其對於破妄見之說存在的接受，同時，這種將顯真與破妄

截然區分開來的作法，反而會令人覺得先前「多顯其真」的「十番顯見」，竟然還只落個「璞石未剖、美玉未瑩」，反倒不如後面這「少破其妄」的「如剖璞出玉，精瑩煥發」。顯然這出真的成就，還是必須建立在其後的破妄之上？其次，在真鑑的詮釋中，破妄既然早已安排在顯真之後，而在顯真之時，乃至顯真之初，也早已得知顯真無法令阿難開悟，則又何需這十番白費工夫的迂迴呢？再者，真鑑說「直至十番顯後，方乃一番破除」，意味著「十番顯見」的過程中，不論首尾應皆帶妄，則何以又會說第十番的經文已經是「轉入於純真無妄」？而既已「無妄」，又何須接著破除二種見妄？而且，至第十番為「純真無妄」，則前九番皆尚有妄，這由有妄進展到無妄的過程，是否即是破妄見呢？

除了考察真鑑自身對於妄見的處理外，筆者還深入探究《會解》的破妄見之說，發現其並非以破妄見為目的，用意實是在於顯真。一方面，在其詮釋內容中已明白指出顯真的部分，另一方面，則是《會解》早在真鑑說是「畢竟破」的「破妄心」，即七處徵心處，即已在詮釋中強調「意在顯真」，既是如此，則破妄見又豈會不然？如此一來，是否可以說《會解》「似破而實顯」的顯真之意反倒比真鑑更早？因為《會解》認為經文開頭時即已是「意在顯真」？而由此來看真鑑的問題，既然十番中可帶妄，則兼攝破妄之說，又為何不可？對於顯真豈會更糟？筆者認為，若能於十番中含攝破妄為傍，且十番確實也有兼破妄見之處，則筆者所指出真鑑詮釋中的諸多問題與矛盾，將會渙然而解。因此，由真鑑自己的理論困境與其對於破妄見的讓步，以及經文的實際情況來看，可知「十番顯見」中實可納入破妄見的詮釋。顯見性為主，破妄見為輔，應該具有這種詮釋空間。

至於有以《會解》竟有「破妄」的方便，來論斷其「只是破其妄，不足顯真，若有所顯，也不是真」，而認為不可調和雙方主張的說法，筆者也以指出這種說法背後的預設為「真、妄居然二體」，而以真與妄非為二體、實為一體，這一體便是真體、便只有真體的說法，來解決這項疑難。此外，還詳細考察真鑑之說，得出其方便漸顯為「圓家善巧方便」，而非「權宗之誤住方便」，深刻地說明了方便、漸顯實無礙於顯真，實不應由假方便與否、頓顯或漸顯來論斷所顯內涵之為真為妄。就真鑑的立場而言，即便其是方便、是漸顯，也無損於其所顯為真。而既知真鑑的「十番顯見」也為方便漸顯，則《會解》之「漸顯真性」也就無需辭費了。二者在這方面，應可相容無礙。

　　而在屬於詮釋方法的「破顯」課題方面，筆者發現，真鑑對於破與顯二者的關係，是主張「非有猶豫兩持不決之意」，這是與其特重結構的詮釋方法有關。因爲在其特重結構的的詮釋方法中，對於破與顯的關係，是以結構性的區別與互補來安排。然而，對於另一類採取貫時性的詮釋者而言，其對於破與顯二者的安排，則並非採取預設結構的方式來區分，而是隨著時間的開展，互爲隱顯地同步並行著。因此，就《會解》的詮釋而言，所謂的「兩持」，並無真鑑所批評的猶豫不決的疑慮，而是針對不同面向的述說。而這不同面向的述說，在詮釋上，是可以具有同步的互補作用，是一種動態性的消長歷程。這種動態性的同步消長歷程，在特重結構的共時性詮釋者的眼中，便會認爲是「猶豫兩持不決」，同時，也容易只就其自身所顯的對象，竟會有遭遇破斥的情況發生而感到不可解，就如同真鑑認爲十番經文對於所顯的見性並無執著，何可言破？不知問題是出在錯認了對方的指涉對象。《會解》言破，是就屬於妄的一面之妄見而言，而其言顯，則是就屬於真的真性一面而言，妄需破，真需顯，破與顯二者豈有衝突之處？反過來說，妄愈破的同時，真也愈顯，這正是因爲將真與妄視爲一體，才能有這種同步進行的此消彼長的詮釋。如果真的只能允許破是破、顯是顯，則真鑑自己又如何會有「似破而實顯」的「不畢竟破」之說？而如果「不畢竟破」、「因顯破」之說可以成立，則不正好就是《會解》在十番經文中的詮釋實況嗎？

　　關於這方面，筆者認爲，真鑑會將破中再區分出畢竟破與不畢竟破，而立此「不畢竟破」之說，恐怕是因爲真鑑自己也隱約意識到結構性的安排，似乎會無法周全地延續其顯真的進路，爲了解決這破與顯的同時成立在其述說上所面臨的困境，才不得不採取此「似破而實顯」的委曲說法。此外，真鑑這種破與顯截然劃分的詮釋，正是使得其對於「十番顯見」的定位，必須在經文中被劃歸於方便的部分，即其所說的「權宗」的「真妄不融」，必須到後文才能「普融一味」。這與《會解》走的破顯爲一體之兩面的、「全妄即真」的路子有別。若由真鑑自己所說過的「圓頓人一悟無生，全妄即真；權人不忘法從心而有生，故須滅妄始真」來看，則《會解》的詮釋，豈非反倒較真鑑更近於圓頓？

　　除了就雙方對於破與顯二者的關係來探究外，筆者還由普遍性的經文詮釋的角度來看，指出可以借重《止觀義例》中的觀念。在《止觀義例》中，曾就「文義消釋」一事，提出了許多細膩的主張，如「事理旁正」、「文偏意

圓」、「廣略有無」、「文行不同」……等。這些條例，在在都提醒了「文義消釋」者，必須同時照應到詮釋過程中的各種對立原則雙方，其在一體中的互動與互補，以使得詮釋能夠更加圓滿。如此，則關於破與顯二者的關係，應該就不再會是不能兩立，而是能夠隨時保持同步動態性的交互運作。

而既然解決了詮釋方法上的「破顯無定」，以及詮釋內容上的「真妄難憑」兩方面的問題，則破妄與顯真在「十番顯見」的詮釋過程中，確定可以相容無礙。則對於「十番顯見」的詮釋，應該可以作如是說：在首番先指出根中見性為入真之門戶，接著逐步破妄顯真，終至第十番「性脫於見」的全然顯發真見，而入於純真無妄。雖然在詮釋進路上以顯真為主，不過，並不排斥破妄為輔的同步運作，雙方實可相輔相成。

總結本論文的研究成果，可以確知真鑑所提出的「十番顯見」，在「判科」與「釋意」兩大方面，皆有超邁《會解》的創見。而這些創見的核心要義，則在於真鑑在《楞嚴經》詮釋史上所開創出的「根性法門」。

雖然本論文已詳加探究了真鑑的「十番顯見」之說，不過，還是有不少尚待處理的課題。就以對於真鑑「捨識從根」之說的批評而言，筆者僅就其中之犖犖大者加以檢討，實則尚有不少。如智旭雖不針對真鑑之說一一針鋒相對，卻是以另行科判與詮釋的方式來表達其不同的主張。又如太虛雖不明言是批評真鑑，卻也繼承了靈耀為張皇台宗的目的，而在其《大佛頂首楞嚴經攝論》中，對於「捨識從根」之說發表不同的看法。關於這歷代台家的批評〔註1〕，仍可以再深入探究。而關於《正脈疏》與《會解》在對於心性的認識上，筆者在研究過程中發現，似乎可能牽涉到天台與華嚴二宗之別，即同教一乘圓教與別教一乘圓教之別。因為台宗於宋代分為山家與山外，二家對於心性真妄的理解大有出入。真鑑自言曾深入「台宗」，其所言的「台宗」，究竟指的是山家或是山外？其與《會解》的衝突，會否即是山家與山外之分別主張由真心或是由妄心的變形？同時，其對於台宗由六識而修的批判，以及對於台宗的認識，是否真的完全符合台宗之說？此外，就筆者企圖發展的《楞嚴經》詮釋史的方面來看，在《會解》風行二百餘年後，異解紛出，是否可以此來作為《楞嚴經》詮釋史在唐、宋、元與明、清之間的分水嶺？而唐、宋、元時期與明、清時期的詮釋，又有何重大的出入？而由真鑑所開出

〔註1〕 《中國佛教通史》中，曾約略提到「歸宗天台的《楞嚴》疏釋之作，多與交光的《楞嚴正脈》相關」。見賴永海主編《中國佛教通史》（第十二卷），頁588。

之根性法門的傳衍，一直到民國時的圓瑛，究竟在這三百餘年之間影響所及的家數如何？包括詮釋與修法兩方面，是否可以成立根性法門的傳衍史？另外，有關《楞嚴經》詮釋史，除了由宗派的角度來考察外，似乎還可以由核心義理的角度來入手，例如根性修法與識心修法的衝突等課題﹝註2﹞。關於這些尚待處理的課題，則有待更多的《楞嚴經》研究者來共同努力。

﹝註 2﹞ 關於用根與用識的衝突，早在《俱舍論》中，即已有根見與識見二種不同主張的爭論，而在《毘婆沙論》中，則更不只於此。依日人工藤成樹的歸納，可分爲識見說、慧見說、根境總體說與根見說四類主張。詳見工藤成樹〈根見說の一展開〉，《印度學佛教學研究》第 17 卷第 2 號，1969 年 3 月，頁 252～255。這些不同的主張與《楞嚴經》的說法，以及雙方在「根見」一說上有何異同，十分值得深入探討。

主要參考資料

中文方面

壹、古籍

一、佛教經疏

（一）《大正藏》（CBETA 版）

1. 〔西晉〕竺法護《正法華經》《大正》9
2. 〔後秦〕鳩摩羅什譯《妙法蓮華經》《大正》9
3. 〔隋〕崛多、笈多《添品妙法蓮華經》《大正》9
4. 〔隋〕智顗《妙法蓮華經玄義》《大正》33
5. 〔隋〕智顗《摩訶止觀》《大正》46
6. 〔唐〕般若譯《大方廣佛華嚴經》《大正》10
7. 〔唐〕玄奘譯《唯識三十論頌》《大正》31
8. 〔唐〕窺基《大乘法苑義林章》《大正》45
9. 〔唐〕佚名《唯識三十論要釋》《大正》85
10. 〔唐〕法藏《華嚴經探玄記》《大正》35
11. 〔唐〕澄觀《大方廣佛華嚴經疏》《大正》35
12. 〔唐〕李通玄《新華嚴經論》《大正》36
13. 〔唐〕般剌蜜帝譯、房融筆授、彌伽釋迦譯語《大佛頂如來密因修證了義諸菩薩萬行首楞嚴經》《大正》19
14. 〔唐〕智昇《開元釋教錄》《大正》55
15. 〔唐〕宗密《禪源諸詮集都序》《大正》48

16.〔唐〕宗密《大方廣圓覺修多羅了義經略疏》《大正》39

17.〔唐〕湛然《止觀義例》《大正》46

18.〔五代〕永明延壽《宗鏡錄》《大正》48

19.〔宋〕道原《景德傳燈錄》《大正》51

20.〔宋〕子璿集《首楞嚴義疏注經》《大正》39

21.〔宋〕智昭《人天眼目》《大正》48

22.〔宋〕志磐《佛祖統紀》《大正》49

23.〔宋〕蘊聞編《大慧普覺禪師語錄》《大正》47

24.〔宋〕道謙編《大慧普覺禪師宗門武庫》《大正》47

25.〔宋〕淨善《禪林寶訓》《大正》48

26.〔宋〕正覺頌古、〔元〕行秀評唱《萬松老人評唱天童覺和尚頌古從容庵錄》
　　《大正》48

27.〔元〕念常《佛祖歷代通載》《大正》49

28.〔明〕語風圓信、郭凝之編《瑞州洞山良价禪師語錄》《大正》47

29.〔明〕語風圓信、郭凝之編《潭州溈山靈祐禪師語錄》《大正》47

30.〔明〕智旭《教觀綱宗》《大正》46

31.〔明〕大聞《釋鑑稽古略續集》《大正》49

（二）《卍續藏》（CBETA 版）

1.〔宋〕智沂編《痴絕和尚語錄》《卍續》121

2.〔宋〕可度《楞嚴經箋》《卍續》88

3.〔宋〕子璿《楞嚴經義疏注經科》《卍續》16

4.〔宋〕仁岳《楞嚴經熏聞記》《卍續》17

5.〔宋〕戒環《楞嚴經要解》《卍續》17

6.〔宋〕德洪造論、正受刪補《楞嚴經合論》《卍續》18

7.〔元〕善遇編《天如惟則禪師語錄》《卍續》122

8.〔明〕真鑑《楞嚴經正脉疏科》《卍續》18

9.〔明〕真鑑《楞嚴經正脉疏懸示》《卍續》18

10.〔明〕真鑑《楞嚴經正脉疏》《卍續》18

11.〔明〕袾宏《楞嚴經摸象記》《卍續》19

12.〔明〕德清《楞嚴經懸鏡》《卍續》19

13.〔明〕德清《楞嚴經通議略科》《卍續》19

14.〔明〕德清《楞嚴經通議》《卍續》19

15.〔明〕德清〈楞嚴通議補遺〉《卍續》19

16.〔明〕圓澄《楞嚴經臆說》《卍續》19

17.〔明〕傳燈《楞嚴經玄義》《卍續》20

18.〔明〕傳燈《楞嚴經圓通疏》《卍續》19

19.〔明〕傳燈《楞嚴經圓通疏前茅》《卍續》89

20.〔明〕傳燈《性善惡論》《卍續》101

21.〔明〕眞界《楞嚴經纂註》《卍續》90

22.〔明〕智旭《楞嚴經玄義》《卍續》20

23.〔明〕智旭《楞嚴經文句》《卍續》20

24.〔明〕一松《楞嚴經秘錄》《卍續》20

25.〔明〕鍾惺《楞嚴經如說》《卍續》20

26.〔明〕通潤《楞嚴經合轍》《卍續》22

27.〔明〕乘旹《楞嚴經講錄》《卍續》89

28.〔明〕函昰《楞嚴經直指》《卍續》22

29.〔明〕焦竑《楞嚴經精解評林》《卍續》90

30.〔明〕曾鳳儀《楞嚴經宗通》《卍續》25

31.〔明〕錢謙益《楞嚴經疏解蒙鈔》《卍續》21

32.〔明〕德清編《紫柏老人集》《卍續》126

33.〔明〕福善日錄、通炯編輯、劉起相重校《憨山老人夢遊集》《卍續》127

34.〔明〕正相《楞嚴經勢至圓通章科解》《卍續》24

35.〔明〕成正集《博山參禪警語》《卍續》112

36.〔清〕濟時《楞嚴經正見》《卍續》91

37.〔清〕靈耀《楞嚴經觀心定解大綱》《卍續》23

38.〔清〕靈耀《楞嚴經觀心定解》《卍續》23

39.〔清〕通理《楞嚴經指掌疏》《卍續》24

40.〔清〕溥畹《楞嚴經寶鏡疏》《卍續》90

41.〔清〕劉道開《楞嚴經貫攝》《卍續》23

42.〔清〕淨挺《〈楞嚴〉答問》《卍續》59

43.〔清〕諦閑《楞嚴經序指味疏》《卍續》90

（三）其他大藏經

1.〔元〕惟則《楞嚴經會解》《新編縮本乾隆大藏經》冊 144（臺北：新文豐出版股份有限公司，1990 年，臺一版）

2.〔明〕袾宏《雲棲大師遺稿》《大藏經補編》23

3.〔明〕真鑑《楞嚴經正脈疏科》《明版嘉興大藏經》第 17 冊（臺北：新文豐出版股份有限公司，1987 年 4 月臺一版）

4.〔明〕智旭《靈峰宗論》《明版嘉興大藏經》第 36 冊（臺北：新文豐出版股份有限公司，1987 年 4 月臺一版）

二、非佛教經疏

1.〔清〕張廷玉等撰《明史》（北京：中華書局，1997 年）

2.〔清〕楊仁山《等不等觀雜錄》（臺北：新文豐股份有限公司，1973 年）

貳、近人著作（依姓氏筆畫排列）

一、書籍

1. 于凌波《唯識學綱要》（臺北：東大圖書股份有限公司，1997 年）

2.〔日〕中村元著，林泰、馬小鶴譯《東方民族的思維方法》（臺北：淑馨出版社，1990 年）

3.〔日〕水野弘元著，釋惠敏譯《佛教教理研究》（臺北：法鼓文化事業股份有限公司，2000 年）

4. 方立天《中國佛教哲學要義》（北京：中國人民大學出版社，2002 年）

5. 方東美《華嚴宗哲學》（上冊）（臺北：黎明文化事業股份有限公司，1981 年）

6. 方東美《中國大乘佛學》（臺北：黎明文化事業股份有限公司，1991 年 8 月四版）

7. 太虛《大佛頂首楞嚴經攝論》。收錄於太虛大師全書編纂委員會編《太虛大師全書》（臺北：太虛大師全書編纂委員會，1970 年再版）

8. 太虛《大佛頂首楞嚴經研究》。收錄於太虛大師全書編纂委員會編《太虛大師全書》（臺北：太虛大師全書編纂委員會，1970 年再版）

9. 太虛大師著，周學農點校《真現實論》（北京：中國人民大學出版社，2004 年）

10.〔日〕平川彰等著，林保堯譯《法華思想》（高雄：佛光文化事業有限公司，1998 年）

11.〔比〕J.M.布洛克曼著，李幼蒸譯《結構主義》（臺北：古風出版社，1987 年）

12. 白聖編著，慧律校訂《楞嚴經表解》（臺北：果庭書院，2005 年）

13. 牟宗三《佛性與般若》（臺北：臺灣學生書局，1997 年 5 月修定版）

14. 朱封鰲、韋彥鐸《中華天台宗通史》（北京：宗教文化出版社，2001 年）

15. 朱謙之、任繼愈《老子釋譯——附馬王堆帛書老子》（臺北：里仁書局，

1985 年）

16. 李幼蒸譯《結構的時代》（臺北：古風出版社，1988 年三版）

17. 李富華釋譯《楞嚴經》（高雄：佛光出版社，1996 年）

18. 李富華、何梅《漢文佛教大藏經研究》（北京：宗教文化出版社，2003 年）

19. 呂思勉《章句論》（臺北：臺灣商務印書館，1977 年）

20. 呂澂《印度佛教思想概論》（臺北：天華出版事業股份有限公司，1982 年）

21. 呂澂《經論攷證講述》（臺北：大千出版社，2003 年）

22. 沈清松《現代哲學論衡》（臺北：黎明文化事業股份有限公司，1994 年）

23. 沈清松《對比、外推與交談》（臺北：五南圖書出版股份有限公司，2002 年）

24. 沈劍英《因明學研究》（上海：東方出版中心，1985 年）

25. 杜繼文、魏道儒《中國禪宗通史》（江蘇：江蘇古籍出版社，1993 年）

26. 〔日〕武邑尚邦著，順眞、何放譯《佛教邏輯學的研究》（北京：中華書局，2010 年）

27. 法舫法師《唯識史觀及其哲學》（臺北：天華出版事業股份有限公司，1976 年）

28. 果濱《楞嚴經聖賢錄》（上）（臺北：萬卷樓圖書股份有限公司，2007 年）

29. 〔俄〕舍爾巴茨基著，宋立道、舒曉煒譯《佛教邏輯》（北京：商務印書館，1997 年 12 月）

30. 孫德謙《古書讀法略例》（臺北：臺灣商務印書館，1975 年）

31. 張曼濤主編《《大乘起信論》與《楞嚴經》考辨》（臺北：大乘文化出版社，1978 年）

32. 張圓成《大佛頂首楞嚴經正脉科會》（臺北：佛陀教育基金會，2005 年）

33. 麻天祥主編《佛學百年》（武漢：武漢大學出版社，2008 年）

34. 梅光義《相宗綱要》（臺北：新文豐出版股份有限公司，1984 年）

35. 梁啓超《佛學研究十八篇》（臺北：臺灣中華書局，1985 年 5 月臺五版）

36. 郭朝順《天台智顗的詮釋理論》（臺北：里仁書局，2004 年）

37. 湯用彤《漢魏兩晉南北朝佛教史》（臺北：駱駝出版社，1987 年）

38. 傅偉勳《從創造的詮釋學到大乘佛學》（臺北：東大圖書股份有限公司，1990 年）

39. 會性《大藏會閱》（臺北：天華出版事業股份有限公司，1979 年）

40. 圓瑛《大佛頂首楞嚴經講義》（臺北：大乘精舍印經會，2004 年 2 月修訂初版）

41. 董平《天台宗研究》（上海：上海古籍出版社，2002 年）

42. 楊義《中國敍事學》（嘉義：南華管理學院，1998 年）

43. 樓宇烈《中國佛教與人文精神》（北京：宗教文化出版社，2003 年 10 月）

44. 潘桂明、吳忠偉《中國天台宗通史》（南京：江蘇古籍出版社，2001 年）

45. 賴永海《中國佛性論》（北京：中國青年出版社，1999 年）

46. 賴永海主編《中國佛教通史》（第五卷）（南京：江蘇人民出版社，2010 年 11 月）

47. 賴永海主編《中國佛教通史》（第十二卷）（南京：江蘇人民出版社，2010 年 11 月）

48. 韓廷傑《唯識學概論》（臺北：文津出版社，1993 年）

49. 藍吉富主編《世界佛學名著譯叢 27・佛典研究初編》（臺北：華宇出版社，1988 年 2 月）

50. 藍吉富《中國佛教泛論》（臺北：新文豐出版股份有限公司，1993 年 8 月）

51. 釋隆根編校《守培全集》（新加坡：南洋佛學書局，1984 年）

二、學位論文

1. 王毅文《《楞嚴》真心思想研究》（臺北：輔仁大學哲學研究所碩士論文，1998 年）

2. 李治華《《楞嚴經》哲學之研究》（臺北：輔仁大學哲學研究所碩士論文，1994 年）

3. 李英德《《楞嚴經》解脫道之研究》（嘉義：南華大學宗教學研究所碩士論文，2005 年）

4. 林一鑾《明 幽溪傳燈（1554～1628）大師之研究》（臺北：華梵大學東方人文思想研究所碩士論文，2007 年）

5. 段新龍《《楞嚴經》如來藏思想研究》（陝西：陝西師範大學宗教學博士論文，2011 年 5 月）

6. 胡健財《《大佛頂首楞嚴經》「耳根圓修」之研究》（臺北：政治大學中國文學系博士論文，1996 年）

7. 馬曉濤《從《楞嚴經》的真偽辨析看佛教在中國的發展進程》（重慶：西南大學宗教學碩士論文，2008 年 4 月）

8. 陳由斌《《楞嚴經》疑偽之研究》（臺北：華梵大學東方人文思想研究所碩士論文，1998 年）

9. 張成鈞《《楞嚴經》中身心關係之探究》（臺北：政治大學哲學研究所碩士論文，1996 年）

10. 黃明儀《《楞嚴經》緣起觀之研究》（中壢：圓光佛學研究所畢業論文，2006 年）

11. 程思《《楞嚴經》之生死哲學研究》（江西：江西師範大學政法學院碩士論文，2011 年）

12. 曾素連《《大佛頂首楞嚴經》「修行實踐論」之研究》（臺北：華梵大學哲學研究所碩士論文，2008 年）

13. 蔡旻芳《明末註疏對《楞嚴經》「五十陰魔」之研究》（宜蘭：佛光人文社會學院宗教研究所碩士論文，2005 年）

14. 釋覺華《臨濟禪法之研究——以《楞嚴經》之詮釋爲主》（中壢：圓光佛學研究所畢業論文，2005 年）

三、期刊論文

1. 王彥明〈《楞嚴經疏解蒙鈔》的文獻學價值〉，《江蘇廣播電視大學學報》第 23 期，2012 年 1 月，頁 67〜71。

2. 王紅蕾〈錢謙益《大佛頂首楞嚴經疏解蒙鈔》考論〉，《世界宗教研究》第 1 期，2010 年，頁 69〜76。

3. 太虛〈楞嚴大意〉，太虛大師全書編纂委員會編《太虛大師全書》（臺北：太虛大師全書編纂委員會，1970 年再版），頁 1701〜1723。

4. 任宜敏〈明代佛門教行傑望——賢首宗〉，《福建論壇・人文社會科學版》第 5 期，2006 年，頁 77〜85。

5. 李治華〈《楞嚴經》「七番破處」的論辯過程與判教旨趣〉，《正觀雜誌》第 14 期，2000 年 9 月，頁 4〜27。

6. 李治華〈《楞嚴經》與中國宗派〉，《中華佛學研究》第 2 期，1998 年，頁 207〜229。

7. 李富華〈關於《楞嚴經》的幾個問題〉，《世界宗教研究》第 3 期，1996 年，頁 74〜82。

8. 吳言生〈論法眼宗對佛教經典的汲取〉，《宗教學研究》第 2 期，2000 年，頁 60〜66。

9. 呂澂〈佛家邏輯——法稱的因明說——〉，張曼濤主編《佛教邏輯與辯證法》（臺北：大乘文化出版社，1978 年），頁 45〜75。

10. 尚永琪〈《楞嚴》真偽與《大唐舍利塔之碑》考辨〉，《文獻季刊》第 4 期，1999 年 10 月。

11. 馬忠庚〈從科學史角度證偽《楞嚴經》〉，《學術論壇》第 169 期，2005 年，頁 182〜85。

12. 胡健財〈從《楞嚴經》「七處徵心」試談佛法之修行〉，《華梵大學第五次儒佛會通學術研討會論文集》（臺北：華梵大學哲學系，2001 年），頁 421〜431。

13. 胡健財〈從《楞嚴經》「十番辨見」試論真心之體認〉，《華梵大學第六次

儒佛會通學術研討會論文集》上冊（臺北：華梵大學哲學系，2002 年），頁 243～268。

14. 胡健財〈《楞嚴經正脈疏》「指見是心」詮釋意涵之探析〉，《第一屆楞嚴經學術研討會會議論文集》（臺北：華梵大學佛教學系，2011 年 5 月），頁 133～144。

15. 荊三隆〈《楞嚴經》色陰十禪境探究〉，《西安電子科技大學學報（社會科學版）》第 14 卷第 1 期，2004 年 3 月，頁 95～102。

16. 夏志前〈《楞嚴經》與晚明北宗禪〉，《華東師範大學學報（哲學社會科學版）》第 3 期，2011 年，頁 92～97。

17. 夏志前〈《楞嚴》之諍與晚明佛教——以《楞嚴經》的詮釋爲中心〉，《中國哲學史》第 3 期，2007 年，頁 26～33。

18. 孫尚勇〈經學章句與佛經科判及漢魏六朝文學理論〉，《西北大學學報（哲學社會科學版）》，第 39 卷第 4 期，2009 年 7 月，頁 19～23。

19. 孫勁松〈永明延壽的眞心妄心說〉，《佛教研究》第 3 期，2009 年，頁 77～85。

20. 郭勤正〈《楞嚴經》二種根本論——對形上又源初的原理之探討〉，《中國佛教》第 13 卷第 1 期，1986 年 1 月，頁 18～26。

21. 張伯偉〈佛經科判與初唐文學理論〉，《文學遺產》第一期，2004 年，頁 60～70。

22. 張煜〈王安石《楞嚴經解》十卷輯佚〉，《古典文獻研究（第十三輯）》，2010 年 6 月，頁 404～422。

23. 覃江〈捨妄歸眞：佛教修道論的基本結構〉，《西南民族大學學報》（人文社會科學版）第 10 期，2010 年，頁 88～92。

24. 黃琛傑〈《楞嚴經》詮釋史上的一個問題〉，發表於「2009 年南山佛教文化研討會」。

25. 黃琛傑〈試析交光眞鑑對於《楞嚴經會解》中「破妄見」之說的批評〉，《第一屆楞嚴經學術研討會會議論文集——《楞嚴經》的學術與宗教詮釋》（臺北：華梵大學佛教學系，2011 年 5 月），頁 25～49。

26. 黃琛傑〈論交光眞鑑對於《楞嚴經》「八還辨見」說的看法〉，《2011 年鶴山 21 世紀國際論壇·宗教論壇論文集》（臺北：普音文化事業股份有限公司，2011 年 6 月），頁 127～154。

27. 楊維中〈論《楞嚴經》的眞僞之爭及其佛學思想〉，《宗教學研究》第 1 期，2001 年，頁 59～66。

28. 楊維中〈論《楞嚴經》佛學思想的特色及其影響〉，《蘇州鐵道師範學院學報》（社會科學版）第 18 卷第 3 期，2001 年 9 月，頁 70～76。

29. 虞愚〈試論因明學中關於現量與比量問題〉，張曼濤主編《佛教邏輯與辯

證法》（臺北：大乘文化出版社，1978 年），頁 183～198。

30. ［越南］黎文松〈《楞嚴經》在越南佛教中的傳承與影響〉，《宗教學研究》第 2 期，2004 年，頁 186～189。

31. 熊師琬〈《楞嚴經》思想之特色——富有文學與哲學價值〉，《法光》第 162 期，2003 年 3 月，頁 2～4。

32. 蔡日新〈元代臨濟禪系的弘傳——從原妙到元長〉，光泉、剛曉主編，杭州佛學院編《吳越佛教》第三卷（北京：宗教文化出版社，2008 年），頁 99～134。

33. 蔡宗志〈《楞嚴經》中七破妄心義解〉，《中國文化月刊》110 期，1988 年 12 月，頁 65～83。

34. 劉澤亮〈《首楞嚴經》與禪道智慧三題〉，覺醒主編《覺群‧學術論文集》（第三輯）（北京：宗教文化出版社，2004 年 7 月），頁 325～334。

35. 龍延〈《楞嚴經》眞僞考辨〉，《古籍整理研究學刊》第 3 期，2003 年 5 月，頁 43～46。

36. ［韓］韓鐘萬〈《楞嚴經》在韓、中、日三國的流傳及歧見〉，《佛學研究》，1994 年，頁 17～20。

37. 釋常海〈《楞嚴經》見性思想探微——《楞嚴經》系列研究之二〉，《閩南佛學》第五輯，2008 年 3 月，頁 234～249。

38. 龔雋〈宋明楞嚴學與中國佛教的正統性——以華嚴、天台《楞嚴經》疏爲中心〉，《中國哲學史》第 3 期，2008 年，頁 33～47。

39. 龔曉康〈眞心與妄心之辨——以智旭爲重點〉，《宗教學研究》第 1 期，2008 年，頁 113～115。

日文方面

一、書籍

1. 大正大學眞言學智山研究室編《佛教思想論集》（千代田：成田山新勝寺，1984 年 8 月）

2. 村中祐生先生古稀記念論文集刊行會編《大乘佛教思想の研究》（東京：山喜房佛書林，2005 年 6 月）

3. 坂本幸男編《法華經の思想と文化》（京都：平樂寺書店，1965 年）

4. 崔昌植《敦煌本《楞嚴經》の研究》（東京：山喜房佛書林，2005 年）

5. 勝又俊教《佛教における心識説の研究》（東京：山喜房佛書林，1961 年）

6. 勝呂信靜編《法華經の思想と展開》（京都：平樂寺書店，2001 年）

7. 勝呂信靜《法華經の成立と思想》（東京：大東出版社，1996 年）

8. 橫超慧日《法華思想の研究》（京都：平樂寺書店，1986 年）

二、期刊論文

1. 上田義文〈虛妄分別の廣狹二義〉,《龍谷大學論集》第 4 卷第 353 號,1956 年 10 月,頁 196～202。

2. 大松博典〈宋代天台學と《首楞嚴經》〉,《印度學佛教學研究》第 37 卷第 1 號,1988 年 12 月,頁 122～125。

3. 大松博典〈禪宗における「心」の解釋〉,《宗學研究》第 43 號,2001 年 3 月,頁 221～226。

4. 大松博典〈《首楞嚴經》の研究〉,《印度學佛教學研究》第 39 卷第 2 號,1991 年 3 月,頁 130～133。

5. 大松博典〈宋代における《首楞嚴經》受容の問題點〉,《駒澤大學禪研究所年報》第 8 號,1997 年 3 月,頁 135～149。

6. 工藤成樹〈根見說の一展開〉,《印度學佛教學研究》第 17 卷第 2 號,1969 年 3 月,頁 252～255。

7. 池田晃隆〈天台智顗における首楞嚴定〉,《印度學佛教學研究》第 49 卷第 2 號,2001 年 3 月,頁 219～221。

8. 寺本婉雅〈西藏文《大佛頂首楞嚴經》に就て〉,《佛教研究》第 3 卷第 3 號,1922 年 7 月,頁 73～77。

9. 吉田剛〈北宋代における華嚴興隆の經緯——華嚴教學史に於ける長水子璿の位置づけ〉,《駒澤大學禪研究所年報》第 9 號,1998 年 3 月,頁 193～214。

10. 金井崚純〈孤山智圓における《首楞嚴經》の講讚〉,《天台學報》第 29 號,1986 年,頁 150～153。

11. 柏倉明裕〈天台教學における即義〉,《印度學佛教學研究》第 52 卷第 1 號,2003 年 12 月,頁 26～28。

12. 柏倉明裕〈智顗における即の意味〉,《印度學佛教學研究》第 57 卷第 1 號,2008 年 12 月,頁 35～38。

13. 岩城英規〈智旭と山外派——《首楞嚴經》解釋に見る連續性と非連續性〉,《印度學佛教學研究》第 50 卷第 2 號,2002 年 3 月 1 日,頁 636～641。

14. 岩城英規〈《首楞嚴經》注釋書考〉,《印度學佛教學研究》第 52 卷第 2 號,2004 年 3 月 1 日,頁 144～148。

15. 岩城英規〈《首楞嚴經》の解釋——《圓覺經》注釋との比較に焦點を當てて〉,《印度學佛教學研究》第 53 卷第 1 號,2004 年 12 月,頁 105～109。

16. 岩城英規〈智旭と智圓——《首楞嚴經》注釋の比較に焦點を當てて〉,《印度學佛教學研究》第 54 卷第 2 號,2006 年 3 月,頁 97～102。

17. 河村孝照〈《大乘涅槃經》と《首楞嚴經》〉,《印度學佛教學研究》第 17 卷第 2 號,1969 年 3 月 31 日,頁 223～230。

18. 高峯了州〈《首楞嚴經》の思想史的研究序説〉,《龍谷大學論集》第 3 卷第 348 號,1954 年 12 月,頁 62～78。

19. 宮澤勘次〈天台大師の「即」について〉,《印度學佛教學研究》第 41 卷第 1 號,1992 年 12 月,頁 77～79。

20. 崔昌植〈《楞嚴經》の韓國流傳について〉,《印度學佛教學研究》第 41 卷第 1 號,1992 年 12 月,頁 127～132。

21. 崔昌植〈敦煌本《楞嚴經》の校正について〉,《印度學佛教學研究》第 51 卷第 1 號,2002 年 12 月,頁 334～341。

22. 廣田宗玄〈張商英の《清淨海眼經》について〉,《印度學佛教學研究》第 54 卷第 1 號,2005 年 12 月,頁 143～149。